Daran merken wir, dass wir ihn kennen,
wenn wir seine Gebote halten.

1. Johannes 2,3

Denn das ist die Liebe zu Gott,
dass wir seine Gebote halten; und
seine Gebote sind nicht schwer.

1. Johannes 5,3

Danksagungen

Ich danke dir, liebe Helga, für deine wertvolle Hilfe beim Korrekturlesen, ohne die vergessene Worte vergessen und andere Fauxpas unentdeckt geblieben wären. Deine guten Ideen gaben dem Ganzen einen sinnvollen Schliff!

Dir, lieber Marco, danke ich ganz besonders für deine kostbaren geistlichen Inputs beim Überarbeiten einiger Themenbereiche dieses Buches. Sie trugen zu Klarheit und Eindringlichkeit manchen Inhalts bei!

Und euch, liebe Petra & Ingo, Barbara und Bianka: herzlichen Dank für die Mühen des Korrekturlesens!

Aus ganzem Herzen danke ich euch, liebe Lisa, Helga und Martin, für die Umsetzung dieses Projekts. Es ist so ein Vorrecht, sich ins Reich Gottes einbringen zu dürfen!

Möge unser guter Abba jeden von euch reichlich für euer Mühen segnen!

Bibelzitate aus:
"Das jüdische Neue Testament", David H. Stern – DHS, (Hänssler Verlag)
"Neue Evangelistische Übersetzung" – NeÜ, Karl-Heinz Vanheiden
"Gute Nachricht Bibel" – GNB, (Deutsche Bibelgesellschaft, Stuttgart)
"Hoffnung für alle" – Hfa, (Brunnen Verlag, Basel und Gießen)
"Schlachter 2000" – Sch2000, (Genfer Bibelgesellschaft)
"Neues Leben" – NL, (R.Brockhaus, Witten)
"Elberfelder" – Elbf., (R.Brockhaus, Witten)

www.wegedeslebens.info/Glaubenswurzeln
glaubenswurzeln@wegedeslebens.info

Herstellung und Verlag:
BoD – Books on Demand, Norderstedt
ISBN 978-3-7357-1213-4

Inhalt

Vorwort

"Eindringlichkeit dieser Zeit" ist ein bewegendes Buch, das das aktuelle, weltweite Wirken Gottes schildert, in dem "alles wiedergebracht wird, wovon er geredet hat durch den Mund seiner heiligen Propheten von Anbeginn" (Apostelgeschichte 3,21). Wenn etwas wiedergebracht wird, muss etwas verloren gegangen sein. Aber was? Birgit Barandica beschreibt detailliert und sehr gut verständlich, wie die frühe Gemeinde von ihren hebräischen Wurzeln abgeschnitten wurde, welche biblischen Wahrheiten dadurch im Leben der Gläubigen über die Jahrhunderte verlorengingen, wie falsche Lehren und Traditionen in die Gemeinde Einlass fanden und welche Konsequenzen dies für christliche Gläubige bis auf den heutigen Tag hat.

In diesem Kampf zwischen Wahrheit und menschengemachter Lehre, zwischen unverfälschtem Wort und Traditionen, tastet sich Birgit Barandica suchend und fragend nach vorne. Der Leser bleibt davon nicht unberührt, wie sie ihn auf ihre persönliche Lebens- und insbesondere Glaubensreise mitnimmt. Dieses Buch kann für uns die Stimme des Engels sein, den Yeshua am Ende der Zeit zu den Gemeinden sendet: "Ich, Yeshua, habe meinen Engel gesandt, euch dies zu bezeugen für die Gemeinden. Ich bin die Wurzel und das Geschlecht Davids, der helle Morgenstern" (Offenbarung 22,16; DHS). Und zu unserer Wurzel führt Birgit uns. Sie führt uns zu Yeshua, dem Juden, und zu seiner Torah. Torah heißt nicht Gesetz, sondern Unterweisung. Und Birgit unterweist uns in Seinen Festen, Seinem immer noch gültigen Schabbat und Seinen Anordnungen. Sie hilft uns, unseren rechtmäßigen Platz im Olivenbaum zu finden und von seiner Fettigkeit zu nehmen.

"Eindringlichkeit dieser Zeit" ist eine prophetische Stimme, die uns hilft, uns für unseren jüdischen Bräutigam vorzubereiten. Es ist persönlich und praktisch und lehrt uns, mit ihm im

Geist eins zu werden. "Und der Geist und die Braut sprechen: Komm!" (Offenbarung 22,17)

Hildegard Schneider
Leiterin des messianischen Dienstes
worldwidewings e.V.

Im Juni 2014

"Neue" alte Erkenntnisse

In vielerlei Hinsicht leben wir heute in äußerst spannenden Zeiten! Ich erinnere mich noch an gewisse, voneinander unabhängige Prophetien in den neunziger Jahren des letzten Jahrhunderts, in denen es hieß, Gott würde jetzt "neue Erkenntnisse" schenken. Damals verstand ich nicht, was das bedeutete. Ich dachte, es steht doch alles in der Bibel, Gott wird doch nicht *nachträglich* Seinem Wort *hinzufügen*...

Nein, Er hat *nicht hinzu*gefügt! Doch vor einiger Zeit begann Er mir Dinge zu zeigen, die tatsächlich neu zu sein schienen! Nicht *neu* im Sinne von 'noch nie dagewesen', sondern von: 'das hab ich so ja noch nie gesehen!' Schriftstellen, seit eh und je in der Bibel, x-fach (drüber weg) gelesen, nie richtig begriffen. Und dann war es plötzlich, als würde mir ein Schleier von den Augen genommen werden: viele bekannte Texte erschienen mir auf einmal brandneu!

Überall auf der Welt schenkt Gott in unserer gegenwärtigen Zeit Erkenntnisse, wie es in der Form noch nie dagewesen ist: immer mehr Christen entdecken ihre *hebräisch-jüdischen Glaubenswurzeln,* so wie immer mehr Juden zur Erkenntnis ihres *Erlösers Jeschua haMaschiach* (Jesus, der Gesalbte) gelangen! Das hat es zwar durch die Geschichte hindurch immer wieder gegeben, doch in dem Maße, wie wir es heute *weltweit* beobachten können, ist es einzigartig!

Dass Gott Sein Volk <u>*erweitert*</u> und <u>*nicht*</u> durch eine christliche Kirche <u>*ersetzt*</u> hat, wie es leider oft gelehrt wird, ist deutlich an der Erklärung zu erkennen, die Paulus den Römern in Kapitel 9 gibt: "Gott hat doch die Israeliten dazu auserwählt, seine Kinder zu sein. Er hat sich diesem Volk in seiner Macht und Herrlichkeit offenbart. Immer wieder hat er mit ihnen Bündnisse geschlossen, er hat ihnen seine Gebote gegeben. Sie dienen Gott im Tempel, und ihnen gelten seine Zusagen" (Vers 4, Hfa). Achtung: der letzte Satz steht im *Präsens, nicht* in der Vergangenheit, wie die Verse davor! Das weist auf die beständige Sohnschaft Israels hin, so wie Gott Mose aufgetragen hatte, Pharao zu sagen: "So spricht JHWH: 'Israel ist mein erstgeborener Sohn'" (2. Mose 4,22; NeÜ)! Er hat Sein Volk nicht enterbt. Und so betont Paulus in Vers 6 erneut: "Gottes Zusagen haben *nach wie vor* ihre Gültigkeit."

Doch hatten die nichtjüdischen Gläubigen das mit der Zeit wohl wieder vergessen, denn schon gegen Ende des ersten Jahrhunderts begann sich unter ihnen eine Haltung herauszubilden, die der Welt viel Leid einbrachte, besonders den Juden: sie gingen davon aus, die Juden als Volk Gottes 'ersetzt' zu haben... So breitete sich die *Ersatztheologie* mit ihren unterschiedlichen Folgen immer weiter aus; über Jahrhunderte hinweg wurden wir falsch gelehrt. Eine außerordentlich schwierige Erkenntnis.

Doch lassen sich Aussagen, die diese Theologie unterstützen würden, *nirgends* in der Bibel finden! Wohl in weiser Voraussicht – besser: von Gott inspiriert, richtet Paulus sich an die Nichtjuden der römischen Gemeinde und erklärt ihnen anhand des edlen Olivenbaumes: "Einige Zweige dieses Baumes sind herausgebrochen worden. An ihrer Stelle wurdet ihr als Zweige eines wilden Ölbaums aufgepfropft. So lebt ihr von den Wurzeln und Säften des edlen Ölbaumes. Bildet euch aber deshalb nicht ein, besser als die herausgebrochenen Zweige zu sein! *Denn nicht ihr tragt die Wurzel, sondern die Wurzel trägt euch*" (Römer 11,17-18; Hfa).

Die Wurzel steht für das auserwählte Gottesvolk *Israel* – der Originalbaum ist also noch da! Gläubige aus den Nationen, *Heidenchristen*, sind darin *eingepfropft*: durch sie fließt nun *derselbe* 'Lebenssaft', wie durch die edlen Originalzweige! Nun sind sie *eins* – Juden *und* Heiden, die an *Jeschua haMaschiach* glauben!

Ein ersatztheologisch geprägtes Christentum ist in der Tat wie ein Baum ohne Wurzeln: erhält er keine Nahrung, wird er über kurz oder lang kraftlos, stirbt irgendwann ab. Genau das wurde im Lauf der Geschichte schon früh versucht: ohne Wurzeln allein zu bestehen. Es klappte natürlich nicht – im Gegenteil, der Baum kippt, die Schieflage ist äußerst bedenklich! Das ist unter anderem an den vielen Spaltungen und Trennungen innerhalb der Kirche zu sehen, an massivsten Verfolgungen (Inquisition, Kreuzzüge, etc., an Juden und Christen gleichermaßen), an der Säkularisierung, den vielen Kirchenaustritten. Und ganz besonders an den Pogromen am jüdischen Volk, dem Augapfel Gottes (Sacharja 2,12), die in der Schoah, dem unseligen Holocaust mündeten. So verstehe ich die auf das Einpfropfen folgende Ermahnung von Paulus fast schon prophetisch: "Seid deshalb nicht hochmütig, sondern passt auf, dass es euch nicht genauso ergeht" (Römer 11,20; Hfa): also wieder herausgebrochen zu werden.

Aus den Versen der Übersetzung *Jüdisches Neues Testament* von David H. Stern (DHS) geht meines Erachtens besonders schön hervor, dass *wir alle zusammen* eine *Einheit* bilden! Ich kann mir beim besten Willen nicht erklären, warum dem dennoch entgegen gehandelt wird, *obwohl* es doch so deutlich in Gottes Wort, der Bibel steht, außer man unterschlägt es ganz bewusst. Doch lies selbst:

"Nun aber seid ihr, die ihr einst fern wart, durch das Vergießen des Blutes des Messias nah geworden. Denn er selbst ist euer *Schalom* – er hat aus uns beiden eins gemacht und hat die *Mechizah* (Trennwand) eingerissen, die uns getrennt hat, indem er in seinem eigenen Leib die Feindschaft zerstörte, die durch die Torah mit ihren Geboten in der Form von (menschgemachten) Ritualen hervorgerufen wurde. Er tat das, um in der Vereinigung mit sich selbst aus den zwei Gruppen eine *einzige neue Menschheit* zu schaffen und auf diese Weise *Schalom* zu schaffen, und um beide in einem einzigen Leib mit Gott zu versöhnen, indem er als ein Verbrecher am Pfahl hingerichtet wurde und auf diese Weise in sich selbst die Feindschaft tötete.

Und als er kam, *verkündete er als Gute Nachricht Schalom euch Fernen* (Gläubige aus den Nationen; Ephraim [Nordreich]) *und Scha-*

lom euch Nahen (messianische Juden [Juda, Südreich]), die Nachricht, dass wir beide durch ihn in einem Geist Zugang zum Vater haben.

So seid ihr nun nicht länger Ausländer und Fremde. Im Gegenteil, *ihr seid Mitbürger mit Gottes Volk* und *Angehörige der Familie Gottes*. Ihr habt auf die *Grundlage der Gesandten und Propheten* (des ersten Bundes bzw. Alten Testamentes) aufgebaut, wobei der Eckstein Jeschua der Messias selbst war. In der Vereinigung mit ihm wird das ganze Gebäude zusammengehalten, und in der Vereinigung mit dem Herrn wächst es zu einem heiligen Tempel. Ja, in der Vereinigung mit ihm seid ihr selbst zusammengebaut zu einem geistlichen Wohnort Gottes" (Epheser 2,13-22; DHS).

Dies ist ganz offensichtlich ein weiterer Teil des Wortes Gottes, der mit der Zeit immer weniger beachtet wurde, woraufhin der neue Bund bald nicht mehr gottgemäß, sondern über die Jahrhunderte wie eine andere Religion gelebt wurde. Der erste Bund wurde vernachlässigt und Gottes Volk, die Juden, ausgeschlossen. Und das, *obwohl* Jeschua (Jesus) eindeutig gesagt hatte, dass *nicht ein einziger Buchstabe* am Gesetz ungültig geworden wäre (Lukas 16,17). Falsche Lehren und christlicher Antisemitismus waren die Folgen. Wie all dies zustande kam und zusammenhängt, beschreibe ich auf den nächsten Seiten eingehender.

Doch geht es in den folgenden Kapiteln nicht um theologisch-akademische Studien, sondern ich möchte das Thema allgemein verständlich ins Bewusstsein von uns allen rücken. Theologie ist nichts anderes als die *Interpretation* und *Lehre* eines *bestimmten, individuellen Schriftverständnisses;* es sind die Erkenntnisse einer Einzelperson oder Gruppe. Hier jedoch geht es um das *reine Wort Gottes,* so wie es in der Bibel steht. Das Wort Gottes steht grundsätzlich *über* jeder Theologie.

So bitte ich dich, lieber Leser, dich bei der Lektüre dieses Buches innerlich zu öffnen, damit das Wort Gottes auf fruchtbaren Boden fallen und dich segnen kann. Wir alle werden uns an neue Interpretationen bekannter *Bibelstellen* (keine *Schriftverständ-*

nisse Einzelner) und an die Konzentration auf bisher vernachlässigte Schriftstellen gewöhnen müssen. Vergleiche jeweils mit deiner eigenen Bibel *im Kontext* und prüfe im Gebet selbst.

Ebenso wichtig sind Basis-Einblicke in die hebräische Originalsprache des ersten Bundes, sowie Kenntnisse der jüdischen Denk- und Lebensart. Jeschua war, vielmehr *ist* Jude! Aus diesem Hintergrund heraus handelte und redete Er und die Juden verstanden Ihn! In erster Linie war Er *für Sein* Volk gekommen: "Er (Jeschua) sagte: Ich bin *nur* zu den verlorenen Schafen des *Hauses Jisrael* geschickt" (Matthäus 15,24; DHS).

Ich denke, dies ist uns oft gar nicht bewusst – tatsächlich ging es zuerst *nur* um das Volk Gottes! Die Goyim (nichtjüdische Gläubige aus den Nationen. *Goi,* **גוי** in der Einzahl) wurden erst später, ab dem Pfingsten nach Jeschuas Auferstehung (dem biblischen Wochenfest bzw. *Schawuot)* mit einbezogen.

Sie wurden *eingepfropft*, wie Paulus es nennt (Römer 11), der Familie *hinzugefügt,* und *nicht* zu etwas Neuem gemacht, wie die Ersatztheologie es uns seit vielen Jahrhunderten so wirkungsvoll, aber falsch lehrt. Und doch verhielten sie sich mit der Zeit so, als wären *sie* jetzt die Auserwählten Gottes anstelle des hebräischen Volkes. Das hatte Gott jedoch niemals beabsichtigt! Beim aufmerksamen Studium der Bibel wird man schnell Ungereimtheiten bezüglich der Lehre, die wir erhielten, entdecken. Als Christen sollten wir wirklich alles dransetzen, unsere hebräisch-jüdischen Glaubenswurzeln wiederzufinden!

In Daniel 7,25 teilt Gott den Menschen durch Seinen Propheten mit, dass sich ein König erheben wird, der Gott lästern und alles daransetzen würde, die Feste und das Gesetz zu ändern. Genau das geschah im vierten Jahrhundert durch Kaiser Konstantin. Per Edikt ließ er erst den Schabbat, später auch die Feste und andere Anweisungen Gottes aus Glauben und Tradition entfernen. Stattdessen führte er 'christliche' Feste und Traditionen ein, die mit Gottes Wort kaum etwas zu tun hatten und sich daher mit der Zeit immer weiter vom Biblischen entfernten. Doch heute, am Ende der Zeiten, erweckt Gott weltweit Millionen von Gläubigen zu unseren hebräisch-jüdischen Wurzeln. Es ist wie ein Nachhausekommen! Vieles werden wir ganz neu lernen müssen, wodurch die Bedeutung Jeschuas, Seines Opfers und Seiner Wiederkunft um ein Vielfaches klarer und verständlicher werden!

Dieses Buch ist gemeinsam mit mir 'gewachsen': seit der ersten Ausgabe habe ich es dreimal erweitert, denn zwischendurch bekam ich immer wieder tiefergehendere Einsichten geschenkt. So konnte ich einige Themen detaillierter beschreiben. Auch die vorliegende Ausgabe ist eine Erweiterung; es soll jedoch die letzte sein, denn das Buch erhebt keinen Anspruch auf Vollständigkeit. Das wäre bei der Fülle an Informationen über diese Thematik auch gar nicht möglich. Doch es will die Eindringlichkeit der Rückbesinnung auf unsere Glaubenswurzeln herausstellen.

Diejenigen, die ein tieferes Studium suchen, finden auf der letzten Seite eine Auswahl nützlicher Internetadressen von guten messianischen Diensten mit weiterführenden Lehrartikeln.

Das letzte Kapitel handelt mit thematischen Ergänzungen davon, wie Gott mir meine eigenen hebräisch-jüdischen Glaubenswurzeln zeigte und mich dabei auf so wunderbare Weise immer näher an sich zog!

Um eventuell verwunderten Fragezeichen vorzugreifen: seit geraumer Zeit nenne ich *Jesus* bei Seinem hebräischen Originalnamen *Jeschua* ("Yeshua" geschrieben entspricht es der internationalen Lautschrift); auch hier in diesem Buch (ich erkläre es später näher). Es sei denn, ich möchte gewisse Dinge betonen, die *vor* der Erkenntnis meiner Glaubenswurzeln lagen. Andere biblische Namen nenne ich ab und zu auf Hebräisch, damit der Leser sich mit dem Original vertraut machen kann. Ansonsten bleibe ich erst einmal bei den gewohnten griechisch-lateinischen Namen, damit nicht das Gefühl der Überfremdung aufkommt.

Biblische Hintergründe

Eben wurde mir wieder einmal bewusst, wie wichtig es ist, zur Wahrheit Gottes zurückzukehren – ganz besonders in unserem Land; und zwar zur *vollständigen* Wahrheit Seines Wortes, das ja nicht bloß aus dem *Neuen* Testament besteht! Jeschua (*Jesus*, in Seiner hebräischen Muttersprache) war Jude (*ist* es immer noch), Er entstammt einer *hebräisch-jüdischen* Blutlinie und in Seinem Erdenleben wandte Er sich *ausschließlich* an Israel (Markus 7,24 ff; Matthäus 15,24), das an den *einen* Gott glaubt: den <u>Gott Avrahams, Jitzhaks und Ja'akovs</u> (so die Namen Abrahams, Isaaks und Jakobs in der Lautschrift der hebräischen Originalsprache).

Avram ("erhabener Vater", אברם, "Av", אב = Vater. Hebräisch von *rechts nach links* lesen ←) wurde *der Hebräer* genannt (1. Mose 14,13), noch bevor Gott seinen Namen in *Avraham* ("Vater vieler Völker", אברהם, 1. Mose 17,5) änderte. Er war kein Jude; Juden bzw. Judäer kamen erst durch die Blutlinie seines Urenkels Juda. Sein Enkel *Ja'akov,* יעקב, erhielt von Gott selbst den Namen *Jisra'el* (ישראל = "Gottesstreiter", 1. Mose 32,29), aus dessen Blutlinie das *Volk* Jisra'el hervorging. Und Jeschuas irdische Blutlinie führt auf *Jehuda,* יהודה *(Juda),* Ja'akovs Sohn, zurück (Matitjahu, Matthäus 1,1-16).

Die ersten sogenannten Christen waren *alle* Juden! Die Apostel waren *alle* Juden, die Schriften des *erneuerten Bundes* (Neues Testament) wurden von *Juden* verfasst. Die ersten Gläubigen lasen *nur* die Schriften der *hebräischen* Bibel (die wir "altes Testament" nennen, also Torah, Propheten und die anderen Schriften; neue Schriften gab es damals ja noch nicht), auf die auch *Jeschua* sich *immer* bezog! Der Heilige Geist fiel zunächst auf eine *jüdisch*-messianische Gemeinde, *bevor* die sich für die Welt öffnete.

Der Begriff "Christ" (griech. *Christianoi* = Christenvolk) kommt erstmalig in Apostelgeschichte 11,26 vor – ca. 40 Jahre *nach* Jeschuas Auferstehung! Es war ein Begriff, den die ungläubige, Griechisch sprechende Bevölkerung Antiochias (damals syrische Provinz des Römerreiches, heutige Türkei) den nichtjüdischen Gläubigen gab. Sie konnten nicht zwischen traditionellen Juden, an Jeschua gläubigen Juden und an Jeschua gläubigen Nichtjuden unterscheiden. Die Selbstbezeichnung messianisch Gläubiger (Juden wie Nichtjuden) war נצרים, *netzarim* = "Nazarener" – nach der Stadt, aus der der Messias kam (im neuhebräischen *Ivrit* oft auch *notzrim,* נוצרים, genannt). Der messianische Glaube wurde zunächst auch nicht *Christentum* genannt, sondern *haDerech,* הדרך, "der Weg".

Jeschua und Seine Talmidim, תלמידים (Jünger), ebenso wie die späteren Apostel und ersten Gläubigen, lebten genauso, wie die Menschen des ersten Bundes, von denen sie schließlich Teil waren. Sie gingen in den Tempel bzw. in die Synagogen, sie hielten den Schabbat und feierten die Feste Gottes (3. Mose 23). In der ganzen Bibel findet man keine Erwähnung darüber, dass dies irgendwann geändert bzw. sogar abgeschafft worden wäre.

Jeschua ist die *Erfüllung* des gesamten ersten Bundes, des Heilsplanes, den Gott *von Anfang an* für uns Menschen bereitgehalten hatte. Das ist für Christen auf den ersten Blick sicher nichts Neues, und dennoch öffnet Gott gerade in unserer heutigen Zeit 'neue' Aspekte, die so neu eigentlich gar nicht sind – im Gegenteil: sie sind uralt! Doch werfen sie in der heutigen Zeit ein völlig anderes Licht auf den christlichen Glauben, so wie wir ihn derzeit kennen, wodurch er ganz neue Horizonte erhält! Um eben diese Horizonte geht es in diesem Buch.

Eigentlich passt das Wort *Testament* nicht auf die Bibel, denn ein Testament bezieht sich grundsätzlich auf einen *Verstorbenen:* es ist sein *letzter Wille;* ein *Vermächtnis,* das er seiner Nachwelt hinterlässt. Doch der Gott der Bibel ist *sehr lebendig!* Wäre das nicht so, hätte es die Auferstehung nie gegeben und dieses Buch wäre nutzlos!

Vermutlich hatte sich dieser irreführende Begriff bereits bei den ersten messianisch[1] Gläubigen eingeschlichen, sonst hätte der Schreiber des Hebräerbriefes sicher nicht die Notwendigkeit zur Aufklärung gesehen: "Denn wo ein Testament ist, da muss zwangsläufig auch der Beleg für den Tod seines Abfassers erbracht werden, da ein Testament nur auf den Tod hin in Kraft tritt; es hat niemals Gültigkeit, wenn sein Abfasser noch am Leben ist" ("Messianische Juden" → Hebräerbrief 9,16-17; DHS).

Was wir als "Altes Testament" kennen, ist in Wirklichkeit der *erste Bund,* den Gott mit Seinem *auserwählten Volk Israel* am Berg Sinai schloss (Bereschit/1. Mose 17,7). In *Jeschua* hat Er diesen Bund *erneuert (nicht* 'ersetzt', 'abgeschafft' oder 'aufgehoben') und auf die ganze Welt *ausgedehnt* – so ist das Neue Testament besser mit dem Begriff neuer *Bund* ausgedrückt. Messianische Juden nennen ihn ebenfalls so: *B'rit Chadascha,* ברית חדשה (B'rit = Bund, Chadascha = *neu).*

Der *"erste"* Bund war es eigentlich auch nicht, denn davor gab es ja bereits den Bund mit Noah (1. Mose 9: Gott versicherte, die Schöpfung nicht noch einmal zu vernichten) und den Bund mit Abraham (1. Mose 15: Gott verhieß seinen Nachkommen, ein großes Volk zu werden). Der noachidische Bund wurde durch den Bund mit Abraham nicht aufgelöst, sondern erweitert. Ebenso wurde der abrahamitische Bund nicht durch den Bund mit Mosche (Mose) aufgelöst, sondern definiert und spezifiziert. Und der neue Bund löste den mosaischen Bund auch nicht auf, im Gegenteil – Jeschua vervollständigte ihn durch Sein Opfer und brachte ihn somit zum Ziel.

Wir Christen müssen unseren biblisch-*hebräischen* Hintergrund *kennen* – wie sonst sollten wir Jeschuas Lehren und überhaupt Sein Hiersein auf Erden je *richtig* verstehen? Mit dem *hebräisch-jüdischen Israel* hat Gott Seine langjährige Geschichte – *nicht* mit uns Heidenchristen. Wie wir als Nichtjuden dennoch dort hineinpassen, werden wir in diesem Buch sehen, und wir passen da hinein – soviel schon einmal vorweg!

---

[1] *kommt von "Messias" (eingedeutscht; "Maschiach" auf Hebräisch; "Christós" auf Griechisch; übertragen ins Deutsche: Christus)*

Biblische Vollständigkeit

Jeschua hat keine 'neue Religion' eingeführt; Er ist kein 'Religionsstifter', wie Er verschiedentlich genannt wird. Vielen Christen ist das durchaus bewusst. Dennoch gab es in den vergangenen rund 17 Jahrhunderten diverse groteske Lehren, die die Bibel aussehen lassen, als wäre der neue Bund etwas Eigenständiges und der erste Bund nichts weiter als eine Anhäufung von Bibelgeschichten, Geboten und Gesetzen, die auf Christen angeblich nicht mehr zuträfen. Doch wenn Jeschua keine "neue Religion" eingeführt hat, dann muss das Alte, was immer es auch ist, doch weiterbestehen! Das "Alte" – die ewiggültige Schrift!

Und eben diese Schrift hat Er *nicht* über Bord geworfen! Im Gegenteil, in Matitjahu/Matthäus 5,17 sagte Er: "Glaubt nicht, dass ich gekommen bin, die Torah oder die (Worte der) Propheten aufzuheben. Ich bin *nicht* gekommen, aufzuheben, sondern zu *vervollständigen*" (DHS). Er wird der Torah *volle Geltung* verschaffen, das heißt: sie *zum Ziel* bringen!

Eine Sache zu *vervollständigen* bedeutet, dass ihr *vorher* etwas gefehlt hatte. Fügt man ihr etwas Bestimmtes hinzu, wird sie *komplett*! Jeschua fügte dem Heilsplan Gottes *Sein einzigartiges Opfer* hinzu. Zu behaupten, man benötige nun das Vorige nicht mehr, würde das Ganze wieder unvollständig machen, nur diesmal von der anderen Seite: nun fehlt das, was *vorher* da war.

In den meisten deutschen Übersetzungen steht das Wort *erfüllen* statt *vervollständigen*. Doch drückt es das gleiche aus: etwas zu *erfüllen* bedeutet, etwas Entscheidendes zu ergänzen. Im ersten Bund fehlte das ewiggültige, erlösungbringende Opfer, das Jeschua nun brachte.

In *erfüllen* steckt das Verb *füllen*: eine Lücke muss *gefüllt* werden. Der erste Bund war lückenhaft: ihm fehlte jenes *Etwas*, das die Beziehung zu Gott wiederherstellen konnte. Nur der Messias war imstande, dies tun. Nun war die Zeit reif. Er war gekommen und *erfüllte* (erbrachte) Seinen Teil durch Sein Opfer: der Bund ist nun komplett, vollständig! Daher gilt: erster und zweiter Teil der Bibel gehören zusammen, nichts wurde abgeschafft!

Doch um zu 'beweisen', dass die Torah für Christen nicht mehr gelte, wird leider oft die Behauptung herangezogen, Jesus habe das Gesetz (Torah) *erfüllt* im Sinne von 'abgeschafft'. Daher habe ich nach Synonymen für *erfüllen* gesucht. Unter den sinnverwandten Worten fand ich Begriffe wie *sich ausbreiten, ausdehnen, eintreffen, durchdringen, durchführen, Genüge tun, verwirklichen, ausführen, einhalten, auslösen* und noch viele andere. Jedoch fand ich keinen, der auch nur annähernd der Bedeutung *abschaffen, auflösen, außer Kraft setzen* nahe kam...

In Lukas 16,16-17 erklärt Jeschua es noch etwas anders: "Bis zur Zeit Jochanans (Johannes) gab es die Thora und die Propheten. Seither ist die Gute Nachricht des Reiches Gottes verkündet worden, und jeder drängt sich danach hineinzukommen. Doch es ist leichter, dass Himmel und Erde vergehen, als dass auch nur ein Strich eines Buchstabens in der Torah hinfällig wird" (DHS).

Hier bekräftigt Jeschua u.a. Jesaja 40,8, wo Gott durch Seinen Propheten von Trost und Erlösung Israels spricht. Dort heißt es u.a.: "Das Gras ist verdorrt, die Blume ist abgefallen; *aber das Wort unseres Gottes bleibt in Ewigkeit!*" (Sch2000). Das bedeutet *für immer, für alle Zeiten.* Wenn Gott in der Torah etwas mit *'ewig'* bezeichnet, dann gilt das selbstredend auch für den neuen Bund: die Auferstehung ist *keine* Begrenzung der Ewigkeit!

Paulus bestätigt das deutlich in Römer 3,29-31: "Oder ist Gott nur der Gott der Juden? Ist er nicht auch der Gott der Heiden? Ja, er ist wahrhaft der Gott der Heiden; denn wie ihr zugeben werdet, **Gott ist einer** (JHWH <u>echad</u>, אחד יהוה 5. Mose 6,4). Deshalb wird er den Beschnittenen aufgrund des Vertrauens für gerecht erachten und den Unbeschnittenen durch *das gleiche Vertrauen.* Folgt daraus, dass wir durch dieses Vertrauen die *Torah* aufheben? Das möge der Himmel verhüten! Im Gegenteil, wir *bestätigen* die *Torah*" (DHS).

Die *Torah* תורה besteht aus den 5 Büchern Mose, die in der Septuaginta (der etwa 200 v.Chr. ins altgriechische *Koiné* übersetzten hebräischen Bibel) folgende Namen haben: Genesis (hebräisch: *Bereschit* = Anfänge בראשית), Exodus (*Schmot* = Namen שמות), Levitikus (*Wajikra* = Und Er rief ויקרה), Numeri (*Bamidbar* = in der Wüste במדבר) und Deuteronomium (*Devarim* = Worte, Aussprüche דברים). Die hebräischen Namen kommen von den ersten Worten des jeweiligen Buches. So zum Beispiel heißt das 2. Buch Mose *Sch'mot*, Namen, denn es beginnt so: "Und dies sind *die Namen* der Söhne Israels".

Torah ist der erste von den drei Teilen des *Tenach* תנייך . Die beiden anderen Teile sind *Propheten* (Nevi'im נויאים) und *Schriften* (Ketuvim כתובים). Die drei Anfangsbuchstaben bilden das Akronym TNK, woraus *Tenach* wurde (das -k wurde aussprachemäßig zu einem -ch). *Tenach* ist also das, was wir als 'Altes Testament' kennen – richtiger *'Erster Bund'*. Man nennt ihn auch "hebräische Bibel".

Das Wort *Torah* ist mit *'Gesetz'* nicht richtig wiedergegeben worden. *Unser* Verständnis dieses Wortes ist ein völlig anderes als im hebräischen Denken. Unser *griechisches* Denken (nähere Erläuterungen ab S. 130) führt zu Vorstellungen, die eher an Paragraphen, Verbote, drohend erhobene Zeigefinger, Strafen denken lassen, als an ein *'Handbuch zu einem gelingenden Leben'*. Das Wort *Torah* leitet sich vom hebräischen *jarah* her (unterweisen), und bedeutet soviel wie *Lehre, (Unter-)Weisung, Anleitung*.

Dabei sollten wir bedenken, dass die Torah nicht nur Gottes *Gesetz* enthält, sondern auch die Schöpfungsgeschichte, die Familiengeschichten Abrahams, Isaaks und Jakobs, den Auszug aus Ägypten, die Wüstenwanderung. Zu behaupten, das Gesetz gelte nur den Juden, ist ersatztheologische Rosinenpickerei.

Und so bezeichnen manche messianisch Gläubige den ganzen Tenach als *Torah*, während andere sogar noch weitergehen und die komplette Bibel bis hin zur Offenbarung *Torah* nennen.

Der von Jeschua erwähnte "Strich eines Buchstabens" bezieht sich auf die *hebräische* Schrift. In Matitjahu, Matthäus 5,18 heißt es, dass "nicht ein *Jud* oder *Strichelchen* aus der Thora" vergehen wird, bis alles, was geschehen *muss,* geschehen *ist* – also bis Jeschua wiederkommt! Das *Jud* bzw. *Jod* ist der kleinste Buchstabe im hebräischen alef-bet (Alphabet) und der *Strich* ist ein zwei Worte verbindendes Satzzeichen. Fehlen Jod oder Strich, ist die Worterkennung meist schwierig, die Wort*bedeutung* eventuell sogar verfälscht.

Mit Seiner Aussage meint Jeschua *nicht,* dass die Torah nun nicht mehr gelte – im Gegenteil: eindeutig sagt Er, dass Menschen *trotz* Schriften und Evangelium versuchen, auf alle erdenkliche Art in den Himmel zu gelangen – es hat sich heute im Vergleich zu damals also *nichts* geändert! Doch wer dabei Gottes Weisungen (vorsätzlich) missachtet, der wird es nicht schaffen, denn eine Weisung Gottes zu missachten ist, als würde man Seinem Wort ein Jod bzw. Strich wegnehmen und es somit unkenntlich machen.

Was für eine Schuld lädt derjenige auf sich, der im *geistlichen* Sinne so ein Jod bzw. Strich wegnimmt – also etwas anderes lehrt, als das, was Gott gesagt hat! Für mich kommt das Weglassen des Jod mit dem Weglassen eines *kompletten Wortes* gleich, der weggelassene Strich einer *verfälschten Wortbedeutung.*

Es ist dann nicht mehr erkennbar, was Gott gesagt hat. Überleg doch nur: einerseits kommt man Gott auf diese Weise selbst keinesfalls näher und andererseits nimmt man einem anderen die Chance, Gottes Weisungen kennenzulernen – er *könnte* es gar nicht, denn sie wären ja *unkenntlich,* was ihn somit *Falsches* lernen ließe...

"Wenn ihr mich liebt, werdet
ihr meine Gebote halten."
ישוע
Jeschua,
in Jochanan (Johannes) 14,15 (DHS)

Gottes Absichten

Es geht um die *Vorsätzlichkeit!* Seit dem Sündenfall (1. Mose 3), der uns von Gott trennte, steckt die Suche nach Ihm in uns Menschen drin. Doch wie oft versuchen wir andererseits, Gottes Wort zu umgehen und zu sehen, ob sich die Erlösung nicht auch auf andere Art als wie von Ihm vorgegeben finden lässt; bzw. ob es nicht zusätzlich noch andere Wahrheiten gibt, als Seine.

Dieser *Sündenfall* wird, wie Sünde im Allgemeinen, in seiner Bedeutung leider oft nur auf die sündige *Tat* reduziert. Doch ist er viel mehr als das: von ihrer Basis her ist Sünde der *Zustand der Trennung von Gott*, an dessen Ende der unausweichliche, *geistliche Tod* steht – also die *ewige* Trennung von Ihm. Es ist eine Tragweite, die für uns kaum nachvollziehbar und im Reich Gottes untragbar ist, denn das Reich Gottes ist *Leben*.

Gottes Reaktion auf diesen Sündenfall wird oft dahingehend gedeutet, als habe Er den Menschen verflucht. Doch in der Bibel steht eindeutig: "Da sprach Gott der Herr *zur Schlange:* Weil *du* dies getan hast, so sollst *du* verflucht sein ... Und ich will Feindschaft setzen zwischen dir und der Frau, zwischen deinem Samen und ihrem Samen: Er wird dir den Kopf zertreten, und du wirst ihn in die Ferse stechen" (1. Mose 3,14-15; Sch2000). Mit "Samen" werden in der Bibel meist *Nachkommen* bezeichnet.

Gott *wusste*, dass die Schlange, Satan, den Menschen zu dieser Sünde *angestiftet* hatte. Der Fluch galt also tatsächlich Satan – es war sein unwiderrufliches Todesurteil. Dem Menschen wollte Gott jedoch noch eine Chance geben, doch er musste die *Konsequenz* seiner Schuld tragen, die ihn in dieses Dilemma hineinmanövriert hatte: im Garten Eden eben noch mit Gott vereint, musste der Mensch von da an in der Trennung von Ihm leben. In diese Trennung werden wir seitdem *alle* mit unserer ganzen Schuld hineingeboren und genau *davon* brauchen wir Erlösung!

Gott liebte den Menschen so sehr, dass Er ihm einen Ausweg aus dieser Katastrophe schuf: "Denn so [sehr] hat Gott die Welt geliebt, dass er seinen eingeborenen Sohn gab, damit jeder, der an ihn glaubt, nicht verlorengeht, sondern ewiges Leben hat" (Jochanan/Johannes 3,16; Sch2000). Eine erfolgreiche Rettung aus dem Desaster erforderte drastische Maßnahmen, die der Mensch jedoch nicht selbst erbringen konnte. Und so kündigte Gott gleich nach dieser Tragödie Seinen *Rettungsplan* an (Vers 15), wobei klar wurde, dass jemand ihn *stellvertretend* ausführen würde!

Das kommt in der Symbolik dieses Verses gut zum Ausdruck: *Jeschua,* der Same der Frau (Nachkomme ihrer Blutlinie), wird der Schlange, also Satan, den Kopf zertreten. Das geschah bei Seinem Opfertod, womit Er ihn unwiderruflich besiegte und *uns* gleichzeitig die Erlösung erwirkte, die in Seiner Auferstehung erkennbar wurde (Opfer; Seite 23)!

Das ist der Grund, warum Satan seit jeher Menschen benutzt, sie gedanklich manipuliert und auf diese Weise versucht, Gottes Volk und das Land Israel auszulöschen. Wo er kann, kämpft er gegen Gott an. Aber er hat nicht mehr Macht, als Jeschua in die Ferse zu stechen – was prophetisch für die Nägel steht, die Ihm am Pfahl in Hände und eben *Füße* gebohrt wurden.

Doch musste dieser Plan zunächst vorbereitet werden. Dazu war es nötig, dass Gott zum *richtigen* Zeitpunkt _Sein_ Volk erwählte, es erzog und an sich band, es also *aussonderte* – das ist die Bedeutung von *heilig!* Somit sorgte Er u.a. für die Entstehung der Blutlinie Judas', sodass Jeschua aus ihr hervorgehen konnte. Genau *das* macht dieses Volk in jeglicher Hinsicht so besonders!

Viele Vorbereitungen waren nötig, die aus unserer unvollkommenen, menschlichen Sicht nicht immer nachvollziehbar sind. Gott selbst sagte ja, dass *Seine* Wege und Gedanken *nicht* unsere sind, sie sind *höher* als unsere (Jesaja 55,8-9): oft können wir sie nicht verstehen. Aber wir können darauf *vertrauen,* dass *Er* *weiß,* was Er tut!

Er ließ Mosche (Mose, משה) die *Mischkan* (משכן) bauen: die Stiftshütte, das Tabernakel, das Zelt der Begegnung, die Wohnstatt Gottes. Sie ist nicht als "Wohnsitz" auf Erden zu verstehen, im Sinne von Residenz, denn das braucht Gott nicht. Doch Er wollte unter Seinem Volk weilen! *Mischkan* ist sprachlich mit dem Wort "schechina", שכינה, verwandt, das so viel wie *Gegenwart,* aber auch *Herrlichkeit Gottes* bedeutet. Gott kam in Form von hellem Licht, das sich in einer Wolke befand, auf das Zelt herab, wo Er Mose und den Hohepriestern begegnete. Zuvor hatte Er zu Mose gesagt: "Die Israeliten sollen mir aus diesen Materialien (in den Versen davor erklärt) ein Heiligtum bauen, denn ich will bei ihnen wohnen. Fertigt das heilige Zelt und alles, was dazugehört, genau so an, *wie ich es dir jetzt zeigen* werde!" (Schmot/2. Mose 25,8-9; Hfa).

"Da bedeckte die Wolke die Mischkan, und die Schechina JHWHs erfüllte sie" (2. Mose 40,34).

Ich verstehe diesen letzten Satz dahingehend, dass Mose direkt in das Reich Gottes geholt wurde, um die *himmlische* Mischkan und die dazugehörigen Gerätschaften (Bundeslade, Menorah, etc.) selbst zu sehen! Wie Johannes in der Offenbarung, wurde er in den Himmel geholt, um persönlich zu sehen, was Gott den Menschen mitteilen wollte! Mose sah die *originale* Stiftshütte mit allem, was zu ihr gehört, so wie sie im Reich Gottes steht!

Die Zelte (Sukkot, סוכות) der Israeliten waren Stamm für Stamm um die Mischkan herum angeordnet; sie befand sich immer in der Mitte des Volkes, auch während sie wanderten; denn Gott gab ihnen ebenso vor, in welcher Reihenfolge sie aufbrechen sollten (Bamidbar/4. Mose 2). Woran sich erkennen lässt, was im geistlichen Sinne auch *unser* (Lebens-)Mittelpunkt sein sollte!

Dann hatte Gott im ersten Bund *Tieropfer* vorgegeben: sie stellten einen direkten Kontakt zu Ihm her, indem sie das Volk lehrten, sich Gott in einer adäquaten Herzenshaltung zu nähern. Letztendlich brachten sie Vergebung und wenn auch nur für ein Jahr, weshalb sie immer wiederholt werden mussten.

Es war Gott selbst, der das erste Opfer überhaupt brachte: "Und Gott der Herr machte Adam und seiner Frau Kleider aus Fell und bekleidete sie" (1. Mose 3,21). Damit gab Er den Menschen in Seinem Erbarmen einerseits etwas, das besser war, als Adams hastig zusammengeflickte Feigenblätter, nachdem er sich seiner Schuld bewusst geworden war und sich schämte, weil er nackt war. Geistlich gesehen war der Mensch durchschaubar geworden. Andererseits veranschaulichte Gott, welche Kraft im Opferblut steckt: Sünde zu bedecken! Durch *Jeschuas* Blut wurde letztendlich deren *Auswirkung* abgewendet: der geistliche, der ewige Tod (im Vergleich zum natürlichen Tod, durch den wir *alle* gehen müssen).

Von welchem Fell ist hier die Rede? Gott hatte offenbar ein von Ihm selbst erschaffenes Tier geopfert, was Ihm immens schwergefallen sein muss. In Wajikra/ 3. Mose 17,11b erklärt Er, warum das nötig war: "Denn das Blut bewirkt Sühne durch das Leben darin" (NeÜ. Und Vers 12: "Darum habe ich zu den Israeliten gesagt: Niemand von euch darf Blut essen, *auch die Fremden nicht,* die bei euch leben"). Somit wies Er auf die schreckliche Konsequenz der Sünde hin, bei der Vergebung ohne Blut *unmöglich* ist. Sünde zieht den

Tod nach sich, im Blut aber befindet sich das Leben! Und so schreibt der Autor des Hebräerbriefes: "Ja, nach den Worten der *Torah* wird nahezu alles durch Blut gereinigt; wahrhaftig, ohne das Vergießen von Blut gibt es keine Vergebung der Sünden" (9, 22; DHS). Man geht davon aus, dass es ein Lamm gewesen war: das erste *Opferlamm* überhaupt!

Diese Tieropfer hatten rettenden *Charakter,* doch sie waren *nicht perfekt,* denn sie konnten die *unwiderrufliche Auswirkung* der Sünde nicht tilgen. So verstand ein Teil der Juden später auch die Tragweite von Jeschuas Opfer: was *Er* freiwillig und *stellvertretend* für die Menschen tat, setzte die Tieropfer außer Kraft, die ja auch *stellvertretend* starben und somit ein Vorschatten auf *Sein* endgültiges Opfer darstellten. Es war von Anfang an so geplant gewesen, denn *Sein* Opfer war *perfekt* und daher *endgültig* – es tilgte die *tödliche Auswirkung* der Sünde (die ewige Trennung von Gott) und stellte die verlorengegangene Beziehung zu Gott wieder her, weshalb während der Gnadenzeit, in der wir jetzt noch leben, kein weiteres Opfer mehr vonnöten ist!

Doch *damit* Er dieses Opfer bringen konnte, mussten erst *nötige Voraussetzungen* geschaffen und die *perfekte Zeit* abgepasst werden, damit alle Situationen so aufeinandertreffen konnten, dass die *Ausführung* von Gottes Rettungsplan möglich wurde.

Seit der Tempelzerstörung durch die Römer im Jahr 70 n.Chr. opfern auch die Juden nicht mehr, denn es gibt ja keinen Ort mehr dafür. Die Opfer werden seither durch spezielle Gebete ersetzt. Doch ist bei ihnen der Opfer*gedanke* erhalten geblieben, während bei den gläubigen Nichtjuden im Lauf der darauffolgenden Jahrhunderte die *Bedeutung* des Opferns immer mehr verloren ging. Heute geschieht es aus einer anderen Motivation heraus als damals, mehr im Sinne des Verzichts auf etwas. Wer heute (bewusst) opfert (Geld, Zeit, etc.), tut es hauptsächlich, um ein *persönliches Interesse* zu verfolgen. Aber nicht, weil Gott dies so vorgegeben hat.

Doch ist es bei Weitem nicht so, dass Gott diese Opfer *gebraucht* hätte, um für Menschen etwas bewegen zu können – im Endeffekt dienten sie ihnen selbst! Es hatte mit der *inneren Haltung des Menschen Gott gegenüber* zu tun. Ich werde hier nicht näher darauf eingehen, es würde unseren Rahmen sprengen. Daher nur so viel: es gab verschiedene Opfer*arten:* Schuldopfer, Sündopfer, Speisopfer, Dankopfer, Brandopfer, u.a. Der (Hohe-) Priester nahm das Ritual vor (Wajikra/3. Mose 1-8). Einige Opfer brachte man in gewissen individuellen Situationen dar, während andere zu bestimmten Zeiten allgemein vorgeschrieben waren. Sie *deuteten* auf das perfekte Opfer *hin.* Da sie jedoch nur für ein Jahr galten, mussten sie immer wieder erneuert werden. Die vermittelnden Priester starben alle irgendwann und die Tiere "wurden" geopfert, ob sie wollten oder nicht – sie waren danach ein für allemal tot (denn auch Tiere entstammen unserer sündendurchtränkten Seite des Lebens).

Jeschua, Gottes Sohn, der Maschiach, kam zum *perfekten Zeitpunkt*. Und weil Er direkt aus Gottes Reich kam, war Er *sündlos,* was für unsere Erlösung unerlässlich ist! Daher mussten die Opferlämmer makellos sein, was für diese Sündlosigkeit steht.

Jeschua liebte und liebt uns Menschen so sehr, dass Er sich für uns opferte – *freiwillig* gab Er sich als *Opferlamm,* wie Jochanan, der Eintaucher (Johannes der Täufer) es erkannt hatte: "Seht, das ist Gottes *Opferlamm,* das die Sünde der Welt wegnimmt" (Jochanan/Johannes 1,29 mit Bezug auf 2. Mose 12,3-14 u.a.; Hfa): die Erfüllung als *wahres* Opfer- bzw. Pessachlamm – unsere Erlösung!

Die damaligen Juden verstanden die Bedeutung dieser Worte sehr genau; immerhin hatten sie seit dem Auszug aus Ägypten lange genug *Pessach* gefeiert, um zu *wissen,* welche Kraft so ein Opferlamm auszulösen vermag. Und eben *deswegen* entbrannte unter ihnen ein Streit, der sie letztendlich sogar in zwei Lager spaltete: in die Gruppe derjenigen, die Jeschua als dem Sohn Gottes glaubten und verstanden, dass *Er* das *endgültige*

Opferlamm war. Und in die Gruppe derjenigen anderen, die sich eben *deswegen* empörten (bis heute). Sie erkannten Jeschua nicht als den Messias, auf den sie schon so lange gewartet hatten, und erstrecht nicht als Sohn Gottes. Deshalb erbosten sie sich so sehr darüber, wie Sein Tod von vielen Leuten angesehen wurde. Doch auch in den vergangenen Jahrhunderten gab es immer wieder Juden, die in Jeschua ihren persönlichen Maschiach erkannten, und heute geschieht es auf nie dagewesene Weise!

In Johannes 1 ist diese Kluft anschaulich dargestellt: "Er (Jeschua) kam in sein Eigentum (Seine Schöpfung) und die Seinen (Sein Volk) nahmen ihn nicht auf. Allen aber, *die* ihn aufnahmen, *denen* gab er das Anrecht (Vollmacht), Kinder Gottes zu *werden, denen*, die an seinen Namen glauben" (Verse 11-12; Sch2000).

Jeschua gab Sein Leben und starb, nachdem im *geistlichen* Sinne der *Gesamtzustand* der trennenden Sünde, so wie alle sündigen *Taten*, alle *Krankheit* und alles *Leid* auf Ihn geladen wurde; das alles nahm Er mit sich in den Tod. Doch am dritten Tag wurde Er auferweckt (in Matthäus 12,40 hatte Er selbst prophetisch auf den Propheten Joel hingewiesen, der drei Tage und drei Nächte im Bauch eines Walfisches verbrachte) und lebt seither für immer! Und *wir* dürfen an *Seinem* ewigen Leben teilhaben, wenn wir im Glauben, also im *Vertrauen*, dieses Opfer für uns in Anspruch nehmen! Das konnte keines dieser Opfertiere bewerkstelligen – *nur Jeschua!*

Gleichzeitig ist *ER* nun unser Hohepriester, wie es im Hebräerbrief heißt. Ein Hohepriester ist derjenige, der als Einziger einmal im Jahr die Herrlichkeit Gottes im Allerheiligsten der Mischkan und später des Tempels betreten durfte. Dort brachte er das Sündopfer zur Sühne der im Jahr zuvor vom Volk gegen Gott begangenen Sünden dar (*Jom Kippur,* der Versöhnungstag).

Doch *Jeschua* machte durch *Sein* Blut, das Er am Kreuz vergoss, dieses Allerheiligste *allen Gläubigen für immer zugänglich!* (Das wird deutlich, als im Moment Seines Todes ein Erdbeben aufkam und den mehrere Meter hohen, schweren Vorhang vor dem Allerheiligsten von *oben nach unten* (!) zerriss, Markus 15,38). Als *der Ewige* ersetzte ER die sterblichen Priester! *Sein* Blut ist genug – *wir* brauchen nichts weiter für unsere Erlösung zu tun, als dieses Opfer persönlich für uns *im Vertrauen* anzunehmen, denn "Es ist vollbracht," wie Er sagte, als Er starb! Das ist es, was uns vor Gott gerecht macht: es ist Seine wundervolle Gnade!

Wie sehr *Er* die Vollendung aller Dinge ist, zeigt sich auch an Seinem *Namen Jeschua*, der auf Hebräisch *"JHWH rettet"* (יהוה Jahweh) bedeutet (Matthäus 1,21) und im Tenach in verschiedenen Ableitungen (S. 136) vorkommt, womit er in beiderlei Hinsicht als *Vorschatten* auf den *Messias Jeschua* hindeutet. Und das Buch des Propheten Jesaja spricht eindeutig von der *Person* Jeschuas.

Wahre Erlösung, Errettung, ist *nur* in Jeschua zu finden, ganz gemäß der Wortbedeutung Seines *hebräischen* Namens! *Er* ist die Wahrheit (Johannes 14,6: "Ich bin der Weg, die *Wahrheit* und das Le-ben!"). Permanente, also _ewig_ gültige Vergebung und Errettung hat Jeschua für uns erwirkt: somit ist ER das _perfekte_ Opfer, und die *Tieropfer* des ersten Bundes wurden hinfällig! Daher der *er-neuerte Bund* – und *kein* Testament, denn es geht ja weiter! In Hebräer 8 wird dies deutlich erklärt. Es bedeutet *keinesfalls* die Verwerfung des ersten Bundes, sondern bezieht sich auf die *kom-plette Wiederherstellung* des Menschen zu Gott durch das *wah-re Opferlamm: Jeschua!* Und: "Ich will ihnen meine Gesetze (To-rah) in den Sinn geben und sie in ihre Herzen schreiben", heißt es dort deutlich in Vers 10, mit Bezug auf Jeremia 31,33.

Welche Gesetze will Er in unser Herz schreiben? Doch diejeni-gen, die es in jener Zeit bereits gab: die Gesetze aus der Torah! Das ist es, was Rav Sha'ul (רב שול, Rabbi Sha'ul = Paulus) seinem Schüler Timotheus schrieb: "Alle Schrift ist von Gott eingegeben (durch den Heiligen Geist inspiriert) und nützlich zur Belehrung, zur Überführung, zur Zurechtweisung, zur Erziehung in der Gerech-tigkeit" (2. Timotheus 3,16; Sch2000). Was meint Rav Sha'ul mit "alle Schrift"? Doch nur die Schriften des *ersten* Bundes: Torah, Propheten und die anderen Schriften! *Neutestamentliche* Schriften waren zu dem Zeitpunkt unbekannt, es gab sie ja noch gar nicht!

Die *Tieropfer* wurden also hinfällig, doch unsere *innere Haltung* zum Opfer als solches sollte erhalten bleiben, um uns immer daran zu erinnern, wie wir uns Gott angemessen nähern können. Um das zu verstehen, ist es so wichtig, dass wir uns eingehend mit der Torah, dem Wort Gottes, auseinandersetzen. Nur so werden wir die Zusammenhänge zwischen erstem und erneuertem Bund, die Verflechtungen untereinander und den Hintergrund erkennen, aus dem heraus Jeschua sprach. Nur so werden wir erfassen, was Er *wirklich* sagte und damit meinte, und das *ganze* Ausmaß *Seines* Opfers begreifen.

Dass Er nichts Neues begonnen hatte, sondern im Gegenteil: dass sich der im ersten Bund begonnene Rettungsplan Gottes wie ein roter Faden vom ersten Buch Mose bis hin zur Offenbarung durchzieht, lässt sich ganz klar an einem Schlagabtausch erkennen, den sich einige Pharisäer mit Jeschua lieferten, in dem es darum ging, wer Er ist. Es endet folgendermaßen:

"Bist du etwa größer als unser Vater Abraham und die Propheten, die alle gestorben sind? Für wen hältst du dich eigentlich?" (Johannes 8,53; NeÜ). Und weiter von Vers 57 bis 59: "'Du bist noch keine fünfzig Jahre alt und willst Abraham gesehen haben?', hielten ihm die Juden entgegen. 'Ja, ich versichere euch', sagte Jesus, 'ich war schon da, bevor Abraham überhaupt geboren wurde.' Da hoben sie Steine auf, um ihn damit zu töten. Doch Jesus entzog sich ihren Blicken und verließ den Tempel."

Jeschuas Zeit war noch nicht gekommen und so durfte niemand Hand an Ihn legen, daher verschwand Er ganz einfach vor ihren Augen.

Gottes Ziel für alle Menschen

Wie gesagt, durch Jeschuas Sühneopfer wurden in dieser jetzt gültigen Gnadenzeit die *Tieropfer* hinfällig. Denn *dafür* kam Er: um die im ersten Bund begonnene Erlösung zum Ziel zu bringen! Somit ist der erneuerte Bund in der Tat nichts anderes als die *Fortführung* des ersten Bundes! Und die anderen Weisungen haben *weiterhin* Bestand – kein Strich eines Buchstabens in der Torah wurde hinfällig, wie Jeschua hervorhob! Sie zu halten bringt *keine* Erlösung (*nie* hat sie *dazu* gedient), sondern es bringt SEGEN! In Tehillim/Psalm 19,8 heißt es, dass Gottes Weisungen (Torah) vollkommen sind, die Seele erfrischen und klug machen.

Durch das Kommen des *Ruach haKodesch,* des Heiligen Geistes am ersten *Schawuot* (Pfingsten) nach Jeschuas Auferstehung wurde Gottes Heilsplan der ganzen Welt zugänglich gemacht. Schawuot ist nach dem *ersten* Erntefest "Bikurim" (Erstlingsfrüchte der Gerste, innerhalb der Pessachwoche) das *zweite* Erntefest (Weizen).

Einen besseren Moment hätte Gott sich dafür gar nicht ausdenken können, denn Schawuot ist eines der drei Pilgerfeste, an dem Juden aus aller Welt nach Jerusalem zum Tempel strömten. Die Stadt platzte förmlich aus allen Nähten, und genau zu *dem* Zeitpunkt sandte der Herr den Ruach und *jeder* bekam es mit! Allein an *diesem* Tag kamen *dreitausend* Juden zum Glauben an Jeschua (Apostelgeschichte 2,41b)! In der Folgezeit wuchs die Gemeinde rasant weiter (Vers 47). *Außerhalb* dieses Festes wäre ein Wachstum dieser Größenordnung gar nicht möglich gewesen.

Doch Israel selbst ist immer noch das, was es von Anfang an war: *Gottes auserwähltes Volk!* "Und ich werde *meinen* Bund aufrichten zwischen mir und dir (Abraham; hier noch *Abram*) <u>und</u> deinen Nachkommen nach dir *durch <u>alle</u> ihre Generationen zu einem <u>ewigen</u> Bund*, um dir Gott zu sein <u>und</u> deinen Nachkommen nach dir" (1. Mose 17,7; Elbf.).

[Eine Besonderheit am Rande: Achte auf die *Verdopplung* bezüglich der Nachkommen in diesem Satz. Ähnliches findet man an vielen Stellen der Schrift. Die hebräische Bibel benutzt diese Art der Formulierung oft, um etwas besonders zu betonen, so auch hier: "und sie freuten sich mit großer Freude," lesen wir beispielsweise in 1. Könige 1,40!]

So wie Gott selbst immer derselbe war und ist und ewig sein wird (Hebräer 13,8), so war und ist und wird auch *Israel immer* Sein geliebtes Volk sein: "Ich (Gott) sage: So wie diese feste Ordnung (die Natur) für immer besteht, *wird auch Israel für immer mein Volk sein*" (Jirmejahu/Jeremia 31,36; Hfa). Und in Secharja/Sacharja 2,12 sagt Er: "Wer euch (Israel) antastet, der tastet meinen Augapfel an" (GNB)! Dies geschah auf schrecklichste Weise durch das Hitler-Regime...

Zu diesem Volk gehören auch *wir*, die an Seinen Sohn Jeschua gläubig gewordenen *Nichtjuden!* Wir sind *eingepfropft*, wie es in Römer 11,17-24 anschaulich anhand des Olivenbaumes erklärt wird. Ich gehe davon aus, dass Paulus dieses Beispiel ganz bewusst gewählt hatte. Denn diese Bäume können nicht zerstört werden: selbst wenn sie gefällt werden oder verbrennen, können bis zu fünfmal neue Zweige aus ihrem Stumpf hervorkommen. Olivenbäume können viele hundert Jahre alt werden. Man vermutet, dass die im Garten Gethsemane stehenden Bäume um die 2000 Jahre alt sind (http://www.segne-israel.de/grundkurs/roemer.htm). Sicher hat Jeschua sie selbst schon gesehen!

Einpfropfen ist ein Begriff aus der Botanik: man ritzt einen Ast an und setzt dort den Zweig eines anderen Baumes derselben Art ein. Das dient der *Veredlung* – in aller Kürze gesagt. Paulus wusste, dass seine Zuhörer dieses Beispiel verstehen würden, denn auf die eine oder andere Weise hatten die Menschen damals oft mit Gärtnern zu tun und so war ihnen der Be-

griff des Einpfropfens nicht fremd. Häufig war es der Olivenbaum, dessen Früchte bis heute im gesamten Mittelmeerraum
zu den Grundnahrungsmitteln zählen.

Nicht von ungefähr spielt der Ölbaum seit jeher eine besondere Rolle in der Bibel: der Ölzweig im Schnabel einer Taube zeigte das Ende der großen Flut an (1. Mose 8,11). Das wertvolle Oliven-
öl wurde u.a. für die Leuchter der siebenarmigen Menorah im
Allerheiligsten (2. Mose 27,20) und für andere zeremonielle Handlungen im Tempel (2. Mose 30, 24), wie auch zur Salbung von Pries-
tern (2. Mose 30,30) und Königen (Schmuel/1. Samuel 15,1) als Zeichen
von Gottes Segen und besonderer Zurüstung verwendet. Das hebräische Wort *haMaschiach,* המשיך, heißt übersetzt *"der Gesalbte".*

Im übertragenen Sinn bedeutet es, dass *wir* jetzt *mit dazuge-
hören!* Paulus erklärt es anhand des *edlen* Olivenbaumes (Israel),
auf den Zweige eines *wilden* Olivenbaumes (nichtjüdische Gläubige)
gepfropft werden und dass *diese* nun von den Wurzeln und Säften des *edlen* Olivenbaumes leben. Im Natürlichen läuft es nor-
malerweise umgekehrt: man pfropft *edle* Zweige in einen qua-
litativ minderwertigeren Baum ein, um diesen zu veredeln.

Paulus' Zuhörer verstanden sehr genau, was er ihnen damit sagen wollte: *Gott selbst* pfropft Gläubige aus den Nationen in den
Baum Israel ein, wodurch *sie* veredelt werden! Auch in aller Kürze gesagt, bedeutet es, dass im *geistlichen* Sinne nun jüdisches
Blut durch die Adern des sogenannten Heidenchristen fließt – er
gehört jetzt vollkommen mit dazu! Somit sind die jüdischen Vorväter nun auch *seine* Vorväter (Erzväter, Patriarchen. Die sogenannten
Kirchenväter wurden von hier imitiert...)!

Den Galatern erklärt Paulus es so eindeutig, wie es eindeutiger schon gar nicht mehr geht: "Und wenn ihr zum Messias gehört, seid ihr der **Same** *Avrahams* (Nachkommen) und ***Erben*** nach
der Verheißung" (3,29; DHS).

Und in Ephesus gebraucht er eine ganz besondere Beschreibung, die Gottes Schöpferkraft hervorhebt, indem er sagt, dass Jeschua nun beide, Juden _und_ Nichtjuden, *in sich* selbst zu _einem neuen Menschen_ geschaffen hat, indem Er die Trennwand zwischen ihnen eingerissen hat (2,13-16),! Daher sagt Er zu den Nichtjuden gewandt in Vers 19: "So seid ihr nicht länger Ausländer und Fremde. Im Gegenteil, ihr seid Mitbürger mit Gottes Volk und Angehörige der Familie Gottes."

Das heißt, wir müssen unsere Identität mit dem hebräisch – jüdischen Israel wieder neu erkennen!

Zu Vers 16 gibt es ein wunderschönes Lied:

Jew and Gentile
von *Joel Chernoff*
(C) 1999 Galilee of the Nations Music/ASCAP

‖: Jew and Gentile, one in Messiah, one in Yeshua, one in the olive tree. Jew and Gentile, one in Messiah, one in Yeshua's love :‖ x 2

Help us Father, to love one another, with humble hearts, forgiving each other. Heal our wounds, bind us together, so the world might believe.

~~~~~~~~~~~~~~~~~

‖: Jude und Heide, eins im Messias, eins in Jeschua, eins im Olivenbaum. Jude und Heide, eins im Messias, eins in Jeschuas Liebe :‖ x 2

Hilf uns, Vater, einander zu lieben, mit demüt'gen Herzen uns zu vergeben. Heil' unsere Wunden, bind' uns zusammen, damit die Welt glauben kann.

Den Videoclip zu diesem Lied kann man im Internet
bei YouTube anschauen unter:
http://www.youtube.com/watch?v=6Rp6wz-Q6XY

Geschichtliches

Da sich der Glaube an den Maschiach Jeschua in der damals bekannten Welt rasant ausbreitete, wuchsen die messianischen *Nichtjuden* zahlenmäßig schnell über die messianischen *Juden* hinaus. So machte sich langsam und subtil eine Verschiebung der Dinge breit, da es mit der Zeit immer weniger *jüdisch*-messianische Gelehrte gab, die das Wort Gottes vollständig und gottgemäß weitergeben konnten. Die Anzahl derjenigen Leiter im Glauben *ohne* jüdische Wurzeln und Tradition (die im Judentum nicht vom Biblischen zu trennen sind) wuchs rasch an, was mit der Zeit zu einem allgemeinen Mangel an in die Tiefe gehendem, biblischen Wissen beitrug.

Zunächst genossen die an Jeschua gläubigen Juden jedoch hohes Ansehen im Volk (Apostelgeschichte 2,47). Doch schon bald wurden sie immer mehr von ihren eigenen jüdischen Geschwistern ausgegrenzt. Man warf ihnen vor, den Glauben zu verraten – zu viele Dogmen hatte Jeschua angeprangert. Doch die Traditionsjuden verstanden nicht, dass Er damit die *menschgemachten* Gesetze des *talmudischen Rabbinertums* (mündliche Torah) kritisierte, *nicht* jedoch Gottes Wort in den Schriften (schriftliche Torah).

Da die messianischen Juden die Heidenchristen zu der Zeit zahlenmäßig noch überragten, hatten sie auf diese Weise zumindest noch eine *geistliche* Heimat – noch war es eine homogene Gruppe, die aus Juden und Nichtjuden bestand. Doch mit der Zeit wurden *alle* Gläubigen verfolgt: bereits im Jahr 64 n.Chr. fand durch Kaiser Nero die Christenverfolgung (die zu der Zeit noch überwiegend aus messianischen *Juden* bestand) im Brand Roms ihren ersten traurigen Höhepunkt.

Doch anstatt zusammenzustehen, begannen nun allmählich auch die Heidenchristen sich von ihren jüdisch-messianischen Geschwistern zu distanzieren, in der Annahme, dann nicht mehr verfolgt zu werden. Sie gingen davon aus, die Verfolgung würde "nur" den Juden gelten. Nach der Tempelzerstörung im Jahr 70 (wobei die Juden zum zweiten Mal seit dem babylonischen Exil in die Verbannung gezwungen wurden) führte Rom u.a. die sogenannte "Judensteuer" ein, die auch *messianische* Juden und dementsprechend *Heidenchristen* zu entrichten hatten – die Römer unterschieden hier nicht. Die Steuer 'gestattete' es ihnen, nach jüdischen Traditionen zu leben, was mittlerweile gesetzlich verboten war.

Es gab viele Repressalien von allen Seiten gegen die Juden. Doch um es hier kurz zu machen: u.a. sagten sich die Heidenchristen von den messianisch-jüdischen Geschwistern los, um sich dieser Steuer zu entziehen. Sie gingen sogar so weit, sich von den jüdischen *Traditionen* zu trennen, um überhaupt nicht mehr mit den Juden, auf welche Weise auch immer, in Verbindung gebracht zu werden.

Mittlerweile hatte die Gruppe der *Nichtjuden* die messianischen Juden zahlenmäßig überrundet und begann selbst gegen sie vorzugehen: sie warfen ihnen vor, den Heiland ermordet zu haben. Somit hatten an Jeschua gläubig gewordene Juden nur noch zwei Möglichkeiten: entweder mussten sie ihr *Jüdischsein* komplett aufgeben und sich *in* die christliche Gemeinschaft *hineintaufen* lassen – oder sie schlossen sich der kleinen Gruppe derjenigen an, die ihre Identität nicht aufgaben. Doch waren sie dann mit Anfeindungen von beiden Seiten konfrontiert.

Allmählich wurden auch die Heidenchristen verfolgt. Es begann damit, dass sie als Nichtjuden nicht mehr in den Synagogen zugelassen wurden. Und dennoch ließen sie nicht von der Verunglimpfung ihrer messianisch-jüdischen Geschwister ab, was mit der Zeit in einen regelrechten Hass ausartete. Diese Verfolgung hatte ihren ersten tragischen Höhepunkt im nizänischen Konzil durch Kaiser Konstantin im Jahr 325 n.Chr., wo er per Edikt alles Jüdische aus biblischem Glauben und Tradition verbannen ließ. Ein Konzil ist eine Versammlung von (Kirchen-)Führern mit Beschlusskraft, die den Juden nun entzogen wurde. In diesem

Fall war es die erste römisch-katholische Versammlung ihrer Art in der kleinen, heute türkischen Stadt Nizäa – im Unterschied zum ersten *apostolischen* Konzil in *Jerusalem*, etwa im Jahr 49 (Apostelgeschichte 15). Somit wurde zugleich eine *geographische* Trennung zum biblisch-jüdisch-messianischen Glauben vollzogen.

Konstantin, der zwar das sogenannte Christentum nach einer langen Zeit der Verfolgung "salonfähig" machte (was seinen Grund jedoch eher in der Festigung seiner Macht hatte, um dem drohenden Zerfall des römischen Reiches entgegenzuwirken), blieb dennoch weiterhin Oberhaupt des vermutlich aus Persien stammenden mystischen Mithraskultes, der sich im zweiten Jahrhundert im gesamten römischen Reich ausgebreitet hatte. Dies wird in der Weiterführung seines Titels "Pontifex Maximus" ("Brückenbauer" bzw. oberster Priester) deutlich. Klingeln einem da nicht sämtliche Ohren? In jener Zeit trugen alle römischen Kaiser diesen Titel; man kann es in etwa mit der britischen Krone vergleichen: auch dort ist der jeweilige Monarch Oberhaupt der anglikanischen Staatskirche; aktuell Königin Elisabeth.

*Münze von Kaiser Tiberius, 14-37 n.Chr.
Am Rand der Rückseite lesbar der Titel
"Pontif Maxim" (rechts; Wikipedia)*

Lukas 3,1: Im 15. Regierungsjahr des Tiberius begann Jeschua öffentlich zu wirken. Es war wohl eine dieser Münzen, anhand derer Er erklärte, wie wir mit Steuern umgehen sollen: "Gebt dem Kaiser, was dem Kaiser gehört und Gott, was Gott gehört." (z.B. Markus 12,17).

*Sammlermünze des vorigen
Papstes Benedikt XVI. Am rechten
Rand lesbar: "Pontifex Maximus".*

Subtile Verschiebung der Fakten

Nachdem er das Reich als *christlich* deklariert hatte, hätte Konstantin den Titel *Pontifex Maximus* eigentlich ablegen müssen, was er jedoch nicht tat. Nach seinem Tod im Jahr 337 wurde dieser Titel zwar erst einmal nicht weiter beachtet, doch Papst Leo der Große (440-461) griff ihn wieder auf und Papst Gregor der Große (590-604) machte ihn zum festen Bestandteil päpstlicher Titel, was sich bis heute erhalten hat. Das sollte uns in der Tat nachdenklich stimmen...

Zuerst gab es keine sichtbaren Unterschiede zwischen Traditionsjuden und messianisch Gläubigen – beide hielten sich an die Torah und feierten den Schabbat sowie die anderen Feste Gottes. Doch schon bald rückten sie voneinander ab. Seit Konstantin entfernten sich die nichtjüdischen Gläubigen immer mehr von ihren hebräisch-jüdischen Wurzeln. Der Glaube gründete sich immer mehr auf Rom, wodurch er sich zu einem Kirchenglauben entwickelte.

Da sich in den beiden ersten Jahrhunderten der Hass den Juden gegenüber derart aufgebauscht hatte, war auch Konstantin von ihm durchdrungen. Die biblischen Feste, wie in 3. Mose 23 von Gott selbst vorgegeben, schaffte er ab. So verordnete er beispielsweise bereits im Jahr 321 die Verlegung des Schabbat, also des *von Gott* vorgegebenen Ruhetags am *siebten* Wochentag (Vers 3), auf Sonntag, den *ersten* Wochentag, an welchem jedoch dem *Sonnengott Sol* gehuldigt wurde.

Konstantins Edikt vom 7. März 321 lautete: "Mögen alle Richter und Bewohner der Stadt am ehrwürdigen Tag der Sonne ruhen und jeglichen Handel oder jegliches Handwerk unterlassen," (Corpus Iuris Civilis Cod., lib. 3, tit. 12, lex. 3). Bis heute ist dies in einigen Sprachen am *Namen* zu erkennen: *Sonn*abend, *Sonn*tag, *Sun*day. Es dauerte nicht lange und der Verstoß gegen diesen Erlass wurde unter Strafe gestellt; später sogar unter Todesstrafe. Soviel also für den 'christlichen' Konstantin in seiner Rolle als Priester eines nichtexistierenden Sonnengottes, also eines Götzen.

Noch bis vor kurzem galt der Sonntag weltweit als *erster* Wochentag, ganz nach Gottes Vorgaben. Doch 1976 wurde er offiziell von der "International Organization for Standardization" (ISO) zum 'Wohle' der Marktwirtschaft auf *Montag* verlegt. Nichts erinnert mehr an biblische Vorgaben. Ganz davon abgesehen – schau es dir einmal genau an: der *Mittwoch* ist keine *wirkliche* Mitte der Woche, wenn der *erste* Wochentag nicht auf dem *Sonntag* liegt...!

Konstantin entwickelte einen *Festkalender,* der zum einen *Weihnachten* einführte (Geburtstage spielten im damaligen Judentum keine Rolle, so wurde in den ersten Jahrhunderten die Geburt Jesu auch *nicht* gefeiert). Zum andern trennte er die Auferstehung Jeschuas vom biblischen Fest der Erstlingsfrüchte *Bikurim* (am ersten Wochentag nach dem Schabbat innerhalb der Pessachwoche) und machte es zu "Ostern". Er hatte Astronomen zur Berechnung 'christlicher' Festdaten beauftragt, um vom biblischen Kalender wegzukommen. Mit Einführung des noch heute gültigen gregorianischen Kalenders durch Gregor XIII im 16. Jahrhundert, wurde Ostern ein zweites Mal neu festgelegt. Die *christlichen* Feste waren nun offiziell von den *biblischen* Festen getrennt – man erklärte sie zu 'jüdischen' Festen, wodurch das 'Christliche' sich immer mehr verfestigen konnte und so aus einer Sache zwei wurden...

So findet natürlich auch Pfingsten seitdem nicht mehr am von Gott vorgegebenen *Schawuot* (*Wochenfest*; Schawuot ist der Plural von *schawua* = Woche) statt, das ja gemäß Gottes Anweisungen *sieben Wochen* (fünfzig Tage, bzw. 49+1) nach Pessach gefeiert wird. Zwar liegen auch Ostern und Pfingsten fünfzig Tage auseinander (wissen Christen eigentlich, wieso 50 Tage?), doch wurden sie jetzt als etwas Eigenständiges begangen, losgelöst von der Bibel, was sich durch die spätere Kalendererneuerung noch mehr verfestigte, denn Pessach und Schawuot spielten nun ja keine Rolle mehr.

Niemand dachte mehr an die *biblischen* Feste und schon gar nicht daran, dass sie ja *von Gott selbst vorgegeben* waren. So gingen mit der Zeit *Bedeutung* und dahinterstehende *Absicht Gottes* immer mehr verloren. Was für eine Tragik...

Später wurden weitere sogenannt christliche Feste in die nun eigenständige Religion eingeführt, die nichts mehr mit Gottes Vorgaben zu tun hatten – "Heilige Drei Könige" beispielsweise. Diese *traditionell* bekannten Figuren hat es in *der* Form jedoch nie gegeben! So waren es keine Könige, denn die Bibel beschreibt sie, je nach Übersetzung, als *Weise* (Gelehrte) bzw. *Sterndeuter* (Astronomen). Außerdem nennt die Schrift an keiner Stelle eine Anzahl dieser Männer und schon gar nicht ihre Namen.

Den krassesten Unterschied finden wir in Vers 11 des zweiten Matthäus-Kapitels, von dem man in der Tradition meist nichts hört. Dort heißt es, dass die Weisen "in das *Haus*" gingen. Sie gingen also *nicht* in den *Stall!* Und in Vers 16 lesen wir, dass König Herodes alle Jungen bis zu *zwei Jahren* ermorden ließ.

Hätten die Weisen Jeschua im *Stall* besucht, wäre Er in der Tat ein kleines Baby gewesen, so wie es in der *Tradition* bekannt ist, und Herodes hätte mit Sicherheit nur die *Neugeborenen* töten lassen. So aber wusste er das Alter des Kindes nicht und ließ 'vorsichtshalber' alle Jungen bis zu zwei Jahren töten. Beides lässt darauf schließen, dass Jeschua bereits mehrere Monate alt war und im Haus Seiner Familie lebte, als die Männer Ihn besuchen kamen, denn Mirjam (Maria) und Josef waren sicher nicht einen Tag länger als notwendig in jenem "Stall" geblieben!

Doch geht man davon aus, dass diese Männer Jeschua tatsächlich im *Stall* aufgesucht hätten, weil man es so ja immer in den traditionellen Krippenspielen sieht, dann mag man meinen, es sei tatsächlich biblisch, denn immerhin werden diese Spiele von Traditionskirchen und sogar den meisten freien Gemeinden unterstützt. Wer selbst in der Bibel nachliest, wird jedoch entweder, wie ich damals, über diese eindeutigen Stellen hinweglesen, weil die *Tradition* einen so sehr im Griff hat. Oder er wird, wenn er beim Lesen darüber stolpert, dass es sich so ja gar nicht zugetragen hat, Gefahr laufen, vom Glauben enttäuscht zu werden und andere biblische Ereignisse ebenfalls nur als *Legende* betrachten. Wie viele Menschen sind wegen falscher Lehren nicht schon ganz vom Glauben abgefallen...

Als bisher letztes Dogma kam 1950 (!!) "Mariä Himmelfahrt" hinzu. Im Gegensatz zum eben Beschriebenen wird *dieses* Ereignis jedoch noch nicht einmal im Ansatz in der Bibel erwähnt. Von außen betrachtet, erinnert also kaum noch etwas an die tatsächlichen Glaubenswurzeln...

Doch in Offenbarung 22,18-19, ebenso wie in Devarim/5. Mose 4,2 und 13,1 heißt es eindeutig, dass dem Wort Jahwehs weder etwas hinzugefügt noch weggenommen werden darf. Das Wort aus Offenbarung 22 ist vielen wohl bekannt, doch was ist mit den beiden Versen aus 5. Mose?

Deutlich steht dort in Kapitel 4, Vers 2: "Ihr sollt nichts hinzufügen zu dem Wort, das ich euch gebiete, und sollt auch nichts davon wegnehmen, damit ihr die Gebote Jahwehs, eures Gottes, haltet, die ich euch gebiete."

Und in Kapitel 13,1: "Das ganze Wort, das ich euch gebiete, das sollt ihr bewahren, um es zu tun; du sollst nichts zu ihm hinzufügen und nichts von ihm wegnehmen" (beide Verse Sch2000).

Für mich steht somit eindeutig fest: Gottes Wort, die Torah, gilt auch heute noch – genauso wie vor über 2000 Jahren! Wie bereits erwähnt, hatte Jeschua gesagt, dass nicht ein Jod eines Buchstabens aus der Torah hinfällig ist. Und lange bevor Er diese Mahnung Jochanan (Johannes) gegenüber in der Offenbarung aussprach, hatte der Vater sie bereits in der Torah Seinem Volk eingeschärft!

Vorschatten auf den Neuen Bund
Die Feste Gottes

Die biblischen Feste bzw. die *Feste Gottes* (denn Er nennt sie in Vers 2 "meine" Feste) werden im 23. Kapitel des 3. Buches Mose beschrieben. Es ist Gott sehr wichtig, dass wir sie einhalten, daher wiederholt Er es so oft in Seinem Wort. An vielen Stellen des ersten Bundes spricht Gott unter jeweils anderen Gesichtspunkten über sie, immer mit der Ermahnung, sie einzuhalten. Eindeutig weisen sie auf den Messias Jeschua und den neuen Bund hin, da sie, jedes auf seine Weise, die Gute Nachricht, *ha'besora* הבשורה, enthalten. In einer Art Rückschau zeigen sie zunächst auf das, was bereits erfüllt *wurde,* um dann in einer Vorschau auf das hinzudeuten, was noch kommen wird.

Man unterscheidet *vier* Frühlings- und *drei* Herbstfeste:

Frühlingsfeste: Pessach, ungesäuerte Brote (matzot), Erstlingsgarbe (Bikurim), Schawuot (Pfingsten).

Herbstfeste: Jom T'ruah (Tag des Schofarblasens. Auch *Rosch haSchana genannt:* Haupt des Jahres = bürgerliches Neujahr), Jom Kippur (Versöhnungstag), Sukkot (Laubhüttenfest).

Rück- und Vorschau verleihen mit Gebet und Lobgesang den Festen eine ehrfürchtige Tiefe, während bei gleichzeitiger Fröhlichkeit und gutem Essen (außer bei Jom Kippur) *alle* Sinne angesprochen werden. Auf diese allumfassende Weise hat Gott einprägsam dafür gesorgt, dass weder Seine bisherigen Taten (Rückschau) noch Seine zukünftigen Pläne (Vorschau) in Vergessenheit geraten! Tragisch, dass diese Feste als größter Meilenstein im Erlösungsplan Gottes aus dem Christentum verbannt wurden. Was wurde den Gläubigen dadurch nicht alles vorenthalten...

Aus Sicht des neuen Bundes sind die sich auf die Errettung beziehenden Frühlingsfeste bereits erfüllt, denn der Messias *ist* ja schon gekommen! Die Erfüllung der Herbstfeste, die sich auf Seine *Wiederkunft* beziehen, steht dagegen noch aus. Was die messianischen Vorschatten in den Festen Gottes angeht, da setzt die traurige Trennung zwischen traditionellen und messianischen Gläubigen ein: so warten traditionelle Juden immer noch auf das *erste* Kommen des Messias', während messianisch Gläubige (Juden wie Nichtjuden) Seiner *Wiederkunft* entgegensehen.

Hier geht es um ein *geistliches* Problem. Rav Sha'ul (Paulus) beschreibt es als "Verhärtung" bzw. "Verstockung", die Israel *zum Teil* (also nicht *ganz* Israel, wie man es oft hört) widerfahren sei, bis *"die Vollzahl der Heiden"*, also Nichtjuden, zum Glauben gekommen ist (Römer 11,25). Weiter sagt er: "So wird *ganz* Israel (Nord- *und* Südreich; bitte beachte die Seiten 74-75) gerettet werden, wie geschrieben steht: 'Aus *Zion* (Jerusalem, also *Juda* = Südreich) wird der Erlöser kommen und die Gottlosigkeiten von *Jakob* (ganz Israel) abwenden, und das ist mein Bund mit ihnen, wenn ich ihre Sünden wegnehmen werde'" (Sch2000). Paulus hat das nicht ersonnen, sondern er bezieht sich auf Gottes prophetisches Reden in Jeschajahu/Jesaja 27,9 und 59,20-21 und anderen Stellen.

Die menschgewirkte *Ersatztheologie* (nähere Erklärungen ab den Seiten 80 und 129) hat dem Ganzen ein katastrophales Problem hinzugefügt, indem sie das Wort Gottes in der Interpretation an bestimmten Punkten verdrehte und pervertierte. Der *nichtjüdische* Blick wird dadurch quasi verschleiert, weil die Hintergründe nicht mehr zu erkennen sind. Man könnte dies mit der "Verstockung" der Juden vergleichen. Auf jeden Fall aber erschwert es das Verständnis des von Jeschua erneuerten Bundes, denn die im Tenach liegenden *Fundamente,* auf die Er sich *immer* bezog, wurden nun nicht richtig bzw. gar nicht mehr gelehrt.

So entstand ein *menschgewirktes* und von Gott *nicht* beabsichtigtes *Christentum,* eine von Seinem Wort losgelöste, eigenständige Einheit. Dabei hatte Er doch ganz klar in Jirmejahu/Jeremia 31,31-34 gesagt (was im Hebräerbrief sogar wiederholt wird): "'Passt auf! Die Zeit wird kommen', spricht Jahweh, 'da schließe ich einen neuen Bund mit Israel und Juda (also mit *Nord- und Süd-reich,* und *nicht* mit einem Christentum!). Er ist nicht mit dem zu ver-gleichen, den ich damals mit ihren Vätern schloss, als ich sie bei der Hand nahm und aus Ägypten herausführte. Diesen Bund ha-ben sie gebrochen, obwohl ich doch ihr Herr war', spricht Jah-weh. *'Der neue Bund, den ich dann mit dem Volk Israel schließen werde, wird ganz anders sein',* spricht Jahweh. 'Ich schreibe mein Gesetz (Torah) in ihr Herz, ich lege es tief in sie hinein (geschah an Schawuot/Pfingsten nach Jeschuas Auferstehung). So werde ich ihr Gott sein und sie mein Volk (in dem *nichtjüdische* Gläubige wie in einen Baum *eingepfropft* sind). Dann muss keiner mehr den anderen belehren, niemand muss mehr zu seinem Bruder sagen: 'Erkenne doch Jah-weh!' Denn alle werden mich erkennen, vom Geringsten bis zum Größten', spricht Jahweh. 'Denn ich werde ihre Schuld vergeben und an ihre Sünde nie mehr denken'" (Hebräer 8,8-12.10,16-17 NeÜ).

Doch darauf wurde immer weniger geachtet, die Strukturen der Urgemeinde verschwanden zusehends. Menschliche Mach-werke wie Papsttum, Ablasshandel, Glaubenskriege (Kreuzzüge, Inquisition, dreißigjähriger Krieg, Nordirland) waren die Folgen, ebenso wie Trennungen und Spaltungen innerhalb der Christenheit. All dies ging mit christlichem Antisemitismus einher, der schließlich in dem verheerenden Holocaust mündete.

Viele Ereignisse des ersten Bundes werfen ihre Schatten auf die Erlösung im erneuerten Bund ankündigend voraus. Sie spie-geln Gottes endgültige Absichten für uns Menschen wider. Und Jeschua, der Seinen Namen von Gott selbst erhalten hatte (Lukas 1,31), bezog sich mit beinahe allem, was Er sagte, auf Schriftstel-len des ersten Bundes! Mit *nicht einem* Wort sagte Er Dinge, die Gottes bisheriges Wort widersprochen oder gar außer Kraft ge-setzt hätten! In jeder Hinsicht zeigt Sein Verhalten immer wie-der Sein *Jüdischsein,* selbst wenn Er sich nicht zu *allen* Themen des ersten Bundes äußerte (wie etwa dem Zehnten. Oft hörte ich das Ar-gument, der Zehnte sei kein Gebot mehr, da Jesus ihn nie erwähnt habe).

Kommen wir nun zum jährlichen Zyklus der Feste, wie Gott sie im 23. Kapitel des 3. Mosebuches vorgegeben hat. Und ganz wichtig dabei ist: Jeschua hielt sie *alle* (Johannes 15,10b)!

Schabbat, שבת

Beim Öffnen des Kapitels fällt sofort ins Auge, dass noch *vor* den sieben *jährlich* wiederkehrenden Festen ein *wöchentliches* Fest genannt wird: der Schabbat! Und es ist wirklich ein Fest: an Erev Schabbat, dem *Vorabend* (Freitagabend; laut biblischem Kalender beginnt der Kalendertag *immer am Vorabend* bei Sonnenuntergang), versammelt sich die Familie um dem festlich gedeckten Tisch, auf dem sich auch die beiden Schabbatkerzen befinden. Die Hausfrau entzündet sie und spricht einen Segen. Es folgt die feierliche Segnung des Weines und das Brotbrechen (Kiddusch, Seite 112). Dann der Familiensegen. So ist die Tradition. Nun genießt man eine leckere Mahlzeit. Gesang, Gespräche und eventuell Bibelarbeit runden den Abend ab – einfach herrlich! "Es soll ein Feiertag sein, an dem ihr euch freut", sagt Gott (Jeschajahu/Jesaja 58,13; Hfa).

Wer kann, geht am Schabbattag (Samstag) in den Gottesdienst. Es ist ein Ruhetag, dem wir gedenken und den wir heiligen sollen (2. Mose 20,8-11). Sich oder etwas heiligen bedeutet *absondern* – der Schabbat soll also anders sein, sich von allen anderen Tagen abheben: Arbeit und Geschäfte ruhen lassen, Gott und der Familie nahe sein, die Seele baumeln lassen – wie wohltuend ist das!

Vor dem Auszug aus Ägypten hieß er einfach nur *siebter Tag* (die Wochentage werden gezählt: 1. Tag, 2. Tag, etc.) bzw. *Ruhetag*. Erst in 2. Mose 16,23 erhielt er von Gott durch Mose seinen Namen, als er den Israeliten in der Wüste erklärte, warum sie am sechsten Tag, also am Freitag, im Gegensatz zu den anderen Wochentagen eine *doppelte* Portion Manna einsammeln konnten: "Morgen ist ein Ruhetag, ein *Schabbat*, der Jahweh geweiht ist", (NeÜ). Da wurde kein Manna eingesammelt, denn an dem Tag gab es keines. So machte Gott deutlich: keine Arbeit am Schabbat!

Ab 2. Mose 20,2 lesen wir, wie Gott den Israeliten am Berg Sinai die Zehn Gebote gab. Das *vierte* Gebot beginnt so: "Gedenke an den *Sabbattag* und heilige ihn!" (Vers 8). Die römisch-katholische wie die evangelische Kirche fassen erstes und zweites Gebot jeweils zu *einem* zusammen, daher ist das Schabbatgebot bei ihnen Gebot Nummer drei. Noch skurriler wird es, wenn man in ihrem jeweiligen Katechismus liest, dass man den *'Feiertag'* heiligen soll... Ja, welchen Feiertag denn? Irgendwo las ich sogar einmal die totale Verfälschung: "du sollst den *Sonntag* heiligen"...

Diese schwammige, weil unrichtige Übersetzung verschleiert, dass es sich in Wahrheit um den *Schabbat* handelt! Wer prüft schon nach, was im hebräischen *Original* steht? Gewöhnlich verlässt man sich ja auf diejenigen, die einen in Glaubensdingen lehren... Vers 11 redet eindeutig vom *siebten* Tag, so wie der Schabbat *vor* 2. Mose 16 genannt wurde!

Die christliche Erklärung, warum jetzt der Sonntag gelten solle, ist u.a. die, dass man nun dem Tag der Auferstehung Jesu gedenken würde. Doch wird weder in den Evangelien, noch in den Briefen und schon gar nicht im ersten Bund darauf hingewiesen, dass der Schabbat mit der Auferstehung abgeschafft sei. Apostel und erste Gläubige an Jeschua hielten den Schabbat. Das kann man an -zig Stellen in der Apostelgeschichte nachlesen.

Nichts gegen ein Gedenken der Auferstehung Jeschuas – doch bitte nicht nach *menschlichem* Gutdünken auf Kosten eines *von Gott selbst* festgesetzten Festtages! Das *vollständige* 4. Gebot lautet: "Gedenke an den Sabbattag und heilige ihn! Sechs Tage sollst du arbeiten und alle deine Werke tun; aber am **siebten Tag ist der *Sabbat* des Herrn**, deines Gottes (JHWHs, deines Elohim. *Sabbat* wurde aus dem Lateinischen bzw. Griechischen übernommen, die jeweils keinen *sch*-Laut kennen); da sollst du kein Werk tun; weder du, noch dein Sohn, noch deine Tochter, noch dein Knecht, noch deine Magd, noch dein Vieh, noch dein Fremdling, der innerhalb deiner Tore lebt (die Erwähnung *Fremdling* belegt, dass es *allen* Menschen gilt).

Denn in sechs Tagen hat der Herr Himmel und Erde gemacht und das Meer und alles, was darin ist, und er ruhte am siebten Tag; *darum hat der Herr den Sabbattag gesegnet und geheiligt."*

Es geht also eindeutig um die *Schöpfung!* Gott nennt sie "sehr gut" (1. Mose 1,31) und der Schabbat rundet sie ab: Gott heiligte den *siebten* Tag (1. Mose 2,3)! So *kann* er gar nicht der "Tag des Herrn" sein, wie der *Auferstehungstag* irrigerweise auch oft genannt wird: denn das ist der Tag, an dem Jeschua wiederkehrt (Apostelgeschichte 2,20; 1. Korinther 5,5; 1. Thessalonicher 5,2; 2. Thessalonicher 2,2; 2. Petrus. 3,10; Offenbenbarung 1,10)! Doch wie oft wird dieses Argument herangezogen, wenn es um die Verteidigung des Sonntags geht! Von so einer subtilen Umdeutung des Schabbat findet man jedoch nichts im Wort Gottes! Stattdessen dafür, *wie* wichtig Gott dieser Tag ist: "Er ist ein ***ewiges Zeichen*** *zwischen mir und den Kindern Israels*" (plus Eingepfropfte; 2. Mose 31,17).

Und dann gibt es eine wundervolle Verheißung: "Also bleibt dem Volk Gottes (Israeliten und Eingepfropfte) noch eine Sabbatruhe vorbehalten" (Hebräer 4,9; Sch2000). Das ist die Zeit, in der Jeschua wieder hier ist – das tausendjährige Reich bzw. Millennium! Alles deutet darauf hin, dass dies sehr bald geschehen wird!

Und noch ein wichtiges Detail: Einmal beschwerten die Pharisäer sich bei Jeschua, weil Seine Jünger an einem Schabbat Ähren abpflückten, denn sie hatten Hunger. Das galt im talmudischen Rabbinertum als Arbeit und war daher verboten. Da antwortete Jeschua, Er sei *Herr über den Schabbat* (Matthäus 12,8). Warum sollte Er so etwas sagen, wenn der Schabbat kurze Zeit später abgeschafft werden sollte? Das macht doch keinen Sinn!

Die vielen Erklärungsversuche, warum der Schabbat für Christen angeblich nicht mehr gelte, haben maßgeblich zur Trennung des Christentums vom biblisch-jüdischen Fundament beigetragen. Es ist eine der vielen leidigen Auswirkungen der Ersatztheologie, um vom *Jüdischen* wegzulenken (der Schabbat ist jedoch *nicht jüdisch*, sondern *biblisch*, denn <u>Gott selbst</u> hat ihn vorgegeben! Falschinformationen dieser Art spielten der Ersatztheologie in die Hände). Sie ist inzwischen soweit vorangeschritten, dass sie sich kaum noch aufhalten lässt. Ohne das Eingreifen Gottes würden wir uns immer weiter vom Fundament entfernen. Daher erweckt Er in diesen Zeiten immer mehr Gläubige weltweit zu diesen Erkenntnissen!

Frühlingsfeste

Die Rückschau zeigt bei allen Festen zuerst auf die *Befreiung Israels aus Ägypten,* eine Art Blaupause für die Vorschau auf eine noch größere Befreiung: die *Befreiung der gesamten Menschheit* durch den Messias aus ihrer Gebundenheit an die Sünde. Bei den Frühlingsfesten kam Er als *Sohn Josefs* (Lukas 3,23): Maschiach ben Josef, משיח בן יוסף, in Seiner Rolle als Opferlamm. Er kam, um die Menschheit von ihren Sünden zu erretten, was sie infolgedessen von ihrer Trennung von Gott erlöst und ihnen das ewige Leben schenkt! Schritt für Schritt offenbart Gott in allen sieben Festen Seinen *gesamten* Rettungsplan, wie wir gleich sehen werden. Ich denke, das allein ist doch Grund genug, *Seine* Feste zu feiern!

Pessach, פסח

Es ist das Fest der *Befreiung* und findet immer am 14. Tag des ersten Monats *Aviv* statt (Wajikra/3. Mose 23,5). Aviv, אביב, ist Hebräisch für *Frühling* (siehe den Namen der Stadt *Tel Aviv* = תל אביב Frühlingshügel). Als Gott den Israeliten erklärte, wie der Auszug aus Ägypten vor sich gehen sollte, sagte Er u.a.: "Dieser Monat ... soll für euch *der erste Monat des Jahres* sein" (2. Mose 12,2). Somit ist Pessach das *erste* Fest im biblischen Kalenderjahr, ein Frühlingsfest, und beginnt am *Vorabend* mit dem *Sedermahl* (ab Seite 104).

Pessach ist das erste der drei Pilgerfeste, an dem die Israeliten nach Jerusalem zum Tempel kommen sollten. Seit der Tempelzerstörung im Jahr 70 n.Chr. feiert man in den Familien.

Durch die ersatztheologisch-verfälschende Auslegung der Bibel ist natürlich auch die *Bedeutung* von Pessach mit der Zeit immer mehr verloren gegangen. Es lässt sich nicht mehr erkennen, wie sehr Jeschuas Opfer die Erfüllung gerade *dieses* Festes ist – und was Er damit für die *gesamte* Menschheit erwirkt hat! Das Opferlamm in Exodus 12 deutet mit seiner *Wirkung für die Israeliten* wie ein Vorschatten darauf hin:

Die Wortbedeutung von Pessach ist *auslassen, vorüberziehen* und erinnert an die *Befreiung des Gottesvolkes* aus der ägyptischen Sklaverei: durch das Blut eines *Opferlammes,* das gemäß Gottes Anweisung an Pfosten und obere Balken ihrer Haustüren gestrichen werden sollte, wurden die Israeliten vor dem Tod bewahrt: der Herr _zog_ an den auf *diese* Weise gekennzeichneten Häusern _vorbei_ und erlaubte dem Todesengel nicht, das Urteil an ihnen zu vollstrecken (2. Mose 12,21-22). Alle anderen erlebten die schlimmste Zeit ihres Lebens. Das stimmte den Pharao schließlich um und er entließ die Israeliten aus der Sklaverei. Später entschied er sich noch einmal um und jagte den Israeliten mit seiner Armee hinterher, doch sie ertranken alle im Roten Meer.

So *weist* Pessach auf die _Befreiung der gesamten Menschheit_ hin: auf den *Maschiach Jeschua*, das _wahre_ Opferlamm, das *unsere Erlösung aus der Sünde* durch Seinen *stellvertretenden Sühnetod* erwirkte! Er wird von Jochanan dem Eintaucher das *Opferlamm Gottes* genannt. Das bedeutet, Gott *selbst* hatte *dieses* Opferlamm auserwählt (Johannes 3,16)! Und tatsächlich *hat* Jeschua durch *Sein* Blut, das Er *freiwillig* am Holz vergoss, unsere *ewig gültige,* wundervolle Errettung erwirkt! Sie kommt denen zugute, die sie für das eigene Leben in Anspruch nehmen und somit Gottes Hand ergreifen, die Er ihnen auf diese Weise entgegenhält!

Folglich sind Tieropfer in der heute gültigen Gnadenzeit nicht mehr vonnöten: "Und er (Jeschua) ging nicht durch das Blut von Ziegen und Kälbern hinein (ins Allerheiligste), sondern durch sein *eigenes* Blut, und hat _damit_ die Menschen *für immer* befreit. Denn wenn das Besprengen zeremoniell unreiner Personen mit dem Blut von Ziegen und Stieren und der Asche einer jungen Kuh ihre *äußere* Reinheit wiederherstellt; um wieviel mehr wird dann das Blut des *Messias,* der sich durch den ewigen Geist *selbst* Gott als ein untadeliges Opfer darbrachte, unser Gewissen von Werken reinigen, die zum Tod führen, sodass wir dem lebendigen Gott dienen können" (Hebräer 9,12b-14; DHS).

Ich finde es bezeichnend, dass der im Jahr 70 n.Chr. von den Römern zerstörte Tempel nicht wieder aufgebaut wurde, so wie er ja schon einmal wieder neu aufgebaut wurde, nachdem er von den Babyloniern bei der Eroberung Jerusalems im Jahr 598 v.Chr. zerstört worden war. Ohne Tempel kann nicht geopfert werden. Ob Gott dies wohlweislich *bisher* verhindert hat?

Ungesäuerte Brote, *Matzot,* מֵצוֹת

Am Tag nach dem Seder, am 15. Tag des ersten Monats, beginnt das acht Tage dauernde Fest der ungesäuerten Brote (traditionell nennt man *alle* Tage *Pessachwoche)*. Auch dieses Fest erinnert an die Nacht vor dem Auszug aus Ägypten, allerdings unter einem anderen Gesichtspunkt: da der Auszug in größter Eile stattfinden musste, ordnete Gott an, dass die Israeliten keine gesäuerten Brote für unterwegs backen durften. Die Vorbereitungen dafür hätten zu lange gedauert, da der Teig ja gehen muss.

Sauerteig steht meist für *Sünde* (vermehrt sich wie Sauerteig) und so muss das Haus vor dem Fest (vor dem Sederabend) symbolisch von allen Sauerteigresten (Chametz, חמץ) gereinigt werden (2. Mose 12,15). Dies wurde im Lauf der Zeit zu einer großen Tradition und – man höre und staune: der uns bekannte *Frühjahrsputz* hat genau *hier* seine Wurzeln! Leider ist das nur wenig bekannt...

Nun isst man (angefangen beim Seder) in den nächsten acht Tagen nur Ungesäuertes. Hefe, Backpulver und andere Treibmittel (und daraus hergestellte Produkte) müssen aus dem Haus entfernt werden. Man isst jetzt knäckebrotähnliche Matzot (Matza im Singular; in Deutschland in vielen Läden erhältlich). In allen jährlich wiederkehrenden Aktivitäten wie dieser steckt viel Symbolik. So wird alles viel anschaulicher, was das Verständnis der Anweisungen Gottes und Seiner Feste von Mal zu Mal vergrößert!

In 1. Korinther 5,7 werden wir von Rav Sha'ul (Paulus) ermahnt, den alten Sauerteig aus unserem Leben zu fegen. Durch *Jeschua* bekommen wir das reine, ungesäuerte *Brot des Lebens* (Johannes 6,35; ungesäuert = sündlos. "Ich bin das Brot des Lebens", sagte Er in den Versen 35.41.48.50.51.58). Durch Sein Blut reinigt Er uns von *aller* Sünde! Weiter schreibt Paulus in Vers 8: "So lasst uns nun den *Seder* nicht mit dem übriggebliebenen Chametz (des vergangenen Jahres) feiern, dem Chametz der Schlechtigkeit und des Bösen (der Sünde), sondern mit der Matzah der Reinheit und der Wahrheit (Jeschua; DHS)." Das ist ein klarer Hinweis darauf, dass die Goyim, also die Gläubigen aus den Nationen (Korinth liegt ja in Griechenland), damals Pessach feierten – gut 20 Jahre *nach* Jeschuas Auferstehung!

In vielen deutschen Bibelübersetzungen ist Vers 8 nur ungenau wiedergegeben worden: "So lasst uns nun *das Fest* feiern". *Was* für ein Fest gemeint ist, wird nicht erwähnt. Und in Vers 7 erwähnt Paulus nur kurz, dass der alte Sauerteig *ausgefegt* werden soll. Mehr sagt er nicht dazu, denn die Angesprochenen in seinem Brief verstanden sehr wohl, dass er den traditionellen Pessach-Hausputz als Beispiel für das sündige Leben der Korinther gebrauchte: der gesamte Aspekt von Pessach erfüllte die Menschen in dem Moment, als sie das hörten. Doch für den heutigen, *nichtjüdischen* Bibelleser ist der in der Übersetzung so ungenau wiedergegebene Vers inhaltlich kaum zu verstehen.

<u>Erstlingsfrüchte</u> (*Bikurim*, ביכורים; Tag der Auferstehung)
Dies ist das erste der drei Erntefeste, es geht um die Gerste. Das Fest findet innerhalb der Pessachwoche am ersten Wochentag nach dem Schabbat statt (also ab Sonnenuntergang am Samstagabend. Sich mit dem biblischen Kalender vertraut zu machen, lässt vieles verständlicher werden, denn alle in der Bibel erwähnten Zeitangaben richten sich nach dem *biblischen* und *nicht* nach dem heute gängigen, *gregorianischen* Kalender) und zu *der* Zeit ist Jeschua auferstanden! So wurde Er zum

"Erstling unter vielen Entschlafenen" (1. Korinther 15,20)! Wie weise von Gott, *diese* Symbolik zu gebrauchen!

An diesem Fest beginnt ebenfalls das Omerzählen, *Sefirat ha' Omer* ספירת העומר. Omer bedeutet *Garbe*, also *Garbenzählen*. "Vom Tag nach dem Schabbat, an dem ihr die Garbe für das Schwingopfer gebracht habt, sollt ihr sieben volle Wochen zählen. Bis zum Tag nach dem siebten Sabbat sollen es fünfzig Tage sein" (3. Mose 23,15; NeÜ). Man zählt 49 Tage und der 50. Tag ist *Schawuot*. Es sollen 50 Tage zwischen dem Auszug aus Ägypten und dem Empfang der Torah am Berg Sinai gewesen sein!

Schawuot (שבועות, Pfingsten)

Als letztes der vier Frühlingsfeste beendet *Schawuot* die Pessachperiode. Es ist das zweite Pilger- und ebenso das zweite Erntefest (Weizen). Seine Erfüllung ist die *Ausgießung des Ruach haKodesch,* רוח הקדש, des Heiligen Geistes, der das Gesetz Gottes (Seine Torah) auf die Herzen der Menschen schreibt (Jeremia 31,33). Es geht *nicht* um die "Geburt einer Kirche", wie man oft hört. Überdies bestand die Gemeinde ja schon – es waren nur noch keine Gläubigen aus den Nationen dabei. In Apostelgeschichte 1,12-15 lesen wir, dass etwa 120 Gläubige im Obergemach versammelt waren, wo sie auf Jeschuas Geheiß hin auf den Heiligen Geist warteten. Dass sie eine bereits existierende Gemeinde waren, wird an Vers 13 besonders deutlich: "... gingen sie hinauf in das Obergemach, *wo sie sich aufzuhalten pflegten*". Leider hat die Ersatztheologie die Interpretation einer 'Kirchengeburt' begünstigt, auf der dann die christliche Lehre aufgebaut wurde; sich damit immer mehr vom *biblisch-jüdischen Fundament* abgrenzte.

An Schawuot feiert man die *Torahgebung* am Berg Sinai. Es war das erste Schawuot der Geschichte: der Bund zwischen Gott und Seinem Volk Israel! Dieser Bund ist wie eine Verlobung zu verstehen, die im Judentum viel fester ist, als wir sie in unserer Tradition kennen. Sie gilt nur dann als bestätigt, wenn die Braut ihr *Ja* dazu gibt. Dann allerdings gibt es kein Hintertürchen mehr und der Ehevertrag, die *Ketuba*, קתובה wird unterzeichnet. Nur der Mann unterschreibt und verpflichtet sich damit zur Versorgung seiner zukünftigen Ehefrau. Die Brautleute sind nun fast wie bei der Hochzeit selbst miteinander verbunden; eine Auflösung der Verlobung gab es daher eher selten. Josef hätte sie beinahe mit Mirjam (Maria; Matthäus 1,18-21) aufgelöst, hätte Gott nicht durch Seinen Engel selbst eingegriffen.

So war es auch am Sinai: Israel musste sich zum Bund mit Gott *entscheiden:* "Das ganze Volk war sich einig: 'Wir wollen alles tun, was Jahwe gesagt hat!' Mosche ging, um Jahwe die Antwort des Volkes zu überbringen" (2. Mose 19,8; NeÜ)! Und nun gab es die *Ketuba*, die "Geschriebene", den *Ehevertrag*: das sind die beiden Tafeln mit den zehn Geboten (2. Mose 20,1-17), geschrieben vom Finger Gottes (2. Mose 31,18). So wurden die Israeliten zum "goi kadosch", גוי קדוש, zum *heiligem Volk*. Auch wir Gläubigen aus den Nationen müssen uns für Jeschua als unseren Bräutigam *entscheiden*, womit auch wir Teil dieses *goi kadosch* werden!

Dann verlässt der Bräutigam seine Braut, um das Heim zu bereiten. In dieser Zeit bereitet sie sich auf ihre Hochzeit vor. Sie kennt den Zeitpunkt seiner Rückkehr nicht, da sie nicht weiß, wann das Heim fertig sein wird. Doch sie ist jederzeit bereit! Jeschua sagte, dass Er ginge, uns ein Heim zu bereiten (Johannes 14, 2)! Wenn alles soweit ist, wird Er uns holen (Vers 3)!

Die Braut hat Freundinnen bei sich, die gemeinsam mit ihr warten. Das sind jene zehn Jungfrauen im Gleichnis, die am Tag Seiner Ankunft mit ihren Öllampen vor dem Haus auf den Bräutigam warteten (Matthäus 25,1-13)! Geistlich gesehen begann auch für uns Eingepfropfte die Wartezeit auf unseren Bräutigam am Sinai. Das Öl in den Lampen ist der Ruach haKodesch, der uns Gottes Wort, die Torah aufschließt. Und denke an das *Hochzeitsmahl des Lammes* (Offenbarung 19,9), auf das bereits der Pessach-Seder hinweist (ab Seite 104): Siehst du den roten Faden durch die gesamte Bibel hindurch? Als Juden verstanden die Jünger, was Er mit diesem Gleichnis meinte. Wir hingegen müssen uns diese Hintergründe erst wieder neu aneignen! Und dann sollten auch wir uns ganz bewusst auf Seine Rückkehr vorbereiten!

An Schawuot wird u.a. das Buch *Ruth* gelesen. Gott hatte geboten, dass zur Feier dieses besonderen Erntefestes zwei *gesäuerte* Brotlaibe als Schwingopfer dargebracht werden sollten (3. Mose 23,17). Brote, die für Mischkan/Tempel gebacken wurden, waren sonst immer *ungesäuert*, weil Sauerteig sich vermehrt und in der geistlichen Bedeutung meist mit *Sünde* in Verbindung gebracht wird. Da in Mischkan/Tempel alles vollkommen *rein* sein musste, waren diese Brote *ungesäuert*, was Reinheit symbolisierte. Zu Schawuot waren sie jedoch ein Sinnbild für Israeliten *und* Fremde, die zu einer wachsenden Einheit verschmelzen.

Die Moabiterin Ruth hatte sich als Fremde dem Volk Israel angeschlossen: "Dein Volk ist mein Volk und dein Gott ist mein Gott", hatte sie ihrer israelitischen Schwiegermutter Naomi gesagt (Ruth 1,16). Sie wurde die Urgroßmutter König Davids, aus dessen Blutlinie Jeschua hervorging. Was letztendlich bedeutet, dass Jeschua, wie alle anderen Juden, jüdisches *und* nichtjüdisches Blut in sich vereint! Auch das weist *eindeutig* auf die *Errettung aller* hin, die Gottes Angebot annehmen: *Jeschua, Erlöser der gesamten Menschheit!* Juden *und* eingepfropfte Gläubige aus den Nationen gehören nun zusammen: an Schawuot wurden *beide durch den Heiligen Geist* zu einem Ganzen zusammengefügt: Adon Olam, אדון עולם – *Herr der Welt,* also *aller* Menschen!

Am Sinai schrieb Gott Sein "Zehn-Wort", עשרת הדיברות (*Aseret haDibberot,* so heißen die Zehn Gebote auf Hebräisch) auf zwei Steintafeln. Doch an jenem speziellen Schawuot schrieb Er sie durch Seinen *Heiligen Geist* in die Herzen der Gläubigen, wie Er es in Jeremia 31,33 durch Seinen Propheten angekündigt hatte, als Er über den neuen Bund sprach! Hebräer 8,10 wiederholt die Worte des Propheten: "Denn dies ist der Bund, den ich schließen will mit dem *Haus Jisrael* nach jenen Tagen, spricht Adonai: Ich will meine Torah in ihren Sinn legen und sie in ihre Herzen schreiben; ich will ihr Gott sein und sie werden mein Volk sein" (DHS).

Torah ist das Wort Gottes. Das gibt meines Erachtens Johannes 1,1 erst richtig Sinn: "Im Anfang war das Wort, und das Wort war bei Gott, und das Wort *war* Gott", und Vers 14: "Das Wort wurde ein menschliches Wesen und lebte bei uns, und wir sahen seine *Schechina* (Herrlichkeit), die *Schechina* des einzigen Sohnes des Vaters, voller Gnade und Wahrheit" (DHS). Somit *ist Jeschua* die *lebendige Torah* – das *Fundament* der gesamten Bibel!

Die Feier der *Torahgebung* an Schawuot ist zugleich die Feier der *Gebung des Heiligen Geistes*, wie Jeschua angekündigt hatte: "Wenn ihr mich liebt, werdet ihr meine Gebote halten (die wichtigste Grundlage); und ich werde den Vater bitten, und er wird euch einen anderen *tröstenden Ratgeber wie mich* geben, den *Geist der Wahrheit*, der immer bei euch sein soll" (Johannes 14,15-16, DHS). Er wird uns alles lehren und an das erinnern, was Jeschua gesagt hat (Johannes 14,26)!

Dieser Heilige Geist bewirkt die *Beschneidung des Herzens*, wie Gott es Seinem Volk bereits durch Mose angekündigt hatte: "Und der Herr, dein Gott, wird *dein* Herz *und* das Herz deiner *Nachkommen* beschneiden, dass du den Herrn, deinen Gott, liebst von ganzem Herzen und von ganzer Seele, ***damit du lebst***" (5. Mose 30,6; Sch2000). Somit wird deutlich, dass die körperliche Beschneidung das äußere Zeichen eines inneren Prozesses ist: der Herzensbeschneidung! Paulus bringt es auf den Punkt: "Im Gegenteil, der wahre Jude ist einer, der *innerlich* Jude ist; und die wahre Beschneidung ist die *des Herzens*, geistlich, nicht wörtlich verstanden, damit sein Lob nicht von anderen Menschen kommt, sondern von Gott" (Römer 2,29; DHS). So versinnbildlichen die beiden an Schawuot geschwungenen Brotlaibe nun also auch die an Jeschua gläubigen Juden *und* Nichtjuden!

Herbstfeste

Auch sie zeigen in ihrer Rückschau zunächst auf die *Befreiung aus Ägypten*, die letztendlich die **Basis der Befreiung aller Menschen** ist! Deshalb wiederholt Gott es in Seinem Wort so oft, wenn Er mit jemandem zu reden beginnt: "Ich bin Jahweh, dein/euer Elohim (Gott) der dich/euch aus Ägypten herausgeführt hat." *Jeder* soll begreifen, *wie* wichtig genau *dieser* Punkt ist!

Die Vorschau zeigt *diesmal* jedoch *nicht* auf den Messias als Sohn Josefs in Seiner Rolle als Opferlamm, sondern auf den Messias als *Sohn Davids* (Matthäus 1,1), Maschiach ben David, משיח בן דוד, in Seiner Rolle als *König der Könige* und *Herr der Herren* (1. Timotheus 6,15), in der Er wiederkommen wird! Sowohl Josef als auch König David entstammen beide der Blutlinie Judas. Es handelt sich daher nicht um zwei verschiedene Messiasse, sondern um zwei verschiedene *Aspekte desselben* Maschiach Jeschua!

Jom T'ruah (יום תרועה, Tag des Shofarblasens)
Es ist das erste der drei Herbstfeste, am ersten Tag des siebten Monats Tischrei (September/Oktober. 3. Mose 23,23-25). Es ist das einzige Fest, bei dem Gott nicht sagt, worauf es sich bezieht. Er sagt nur, dass es ein Ruhetag sein soll, an dem die Hörner (Shofarot, Widderhörner) geblasen werden sollen. Mit dem Tag beginnt die zehntägige Periode der "zehn ehrfurchtsvollen Tage", *Jamim Nora'im*, ימים נוראים, die in *Jom Kippur*, dem Versöhnungstag, gipfeln. Man geht in sich, besinnt sich, bittet um Vergebung, da wo man im vergangenen Jahr Gott und Menschen gegenüber gefehlt hat. Teschuva, תשובה, *Umkehr,* ist in dieser Zeit angesagt. Menschen besuchen sich, telefonieren hin und her, schreiben sich Briefe oder Emails und bitten einander um Vergebung. Das Shofarblasen ist ein Weckruf, der zu dieser Umkehr ermahnt.

Doch dieser Weckruf wird zu einem Ankündigungsruf, wie wir in 1. Thessalonicher 4,16 lesen: "*Denn der Herr selbst* wird aus dem Himmel herabkommen mit einem *immer lauter werdenden*

Ruf, mit einem Ruf von einem der Engelfürsten und *mit Gottes Schofar" (DHS).* Was für eine herrliche Ankündigung – ich geb' zu: ich kann es kaum erwarten, bis es endlich soweit ist!

Man denkt ebenfalls an das Ereignis um Abraham und Isaak, das in der Bindung Isaaks, "Akedat Jitzchak", עקידאד יצחק, seinen speziellen Ausdruck findet (1. Mose 22,1-19). Es ist ein Beispiel für bedingungslosen Gehorsam Gott gegenüber: Abraham war bereit, seinen geliebten Sohn zu opfern, weil Gott es geboten hatte. Er vertraute Ihm so sehr und *wusste* ganz einfach, dass Isaak nicht sterben würde. Es ist ein klarer Hinweis auf das Opfer Jeschuas: der Gehorsam, den Gott von Abraham forderte, ihn letztlich aber nicht durchsetzte, sondern ihn von sich selbst verlangte und Seinen eigenen Sohn gab, um *alle Menschen* zu retten!

An Jom T'ruah wird Gott als *König* gewürdigt und verkündet: König der Welt, *Melech haOlam,* מלך העלם! In Sacharja 14,9 heißt es: "Und der Herr wird König sein über die ganze Erde. An jenem Tag wird der Herr der einzige sein und sein Name der einzige" (Sch2000): der Tag, an dem der Maschiach wiederkommt!

Traditionell ist der Tag mehr als _Rosch HaShana_ (רוש השנה, Haupt des Jahres) bekannt: das *bürgerliche* Neujahr. *Biblisch* gesehen beginnt das Neujahr, wie wir bereits sahen, im Frühling, am ersten Tag des ersten Monats *Aviv* (2. Mose 12,1-2). Bis zum Exil in Babylon waren die Monate namenlos, außer diesem ersten Monat (später in den babylonischen *Nisan* umbenannt). Man zählte sie nur: 2. Monat, 3. Monat, 4. Monat, etc. Da beide Kalender, der biblische wie der babylonische, *Mondkalender* sind (im Gegensatz zum gregorianischen *Sonnenkalender),* die sich nur durch die Monatsnamen und das Neujahr im Herbst unterschieden, gewöhnten die Juden sich im Exil schnell daran und behielten sie auch später bei. Im Talmud wird es bezeugt: "Die Namen der Monate kamen mit ihnen aus Babylonien" (Jerusalem Talmud, Rosh Hashanah 1:2, 56d).

Und so feiert man nun eine Art Mix aus beiden Festen: das offizielle Neujahr (denn hier ändert sich auch die Jahreszahl), bei dem das

Shofarblasen gemäß 3. Mose 23 im Mittelpunkt steht. Für ortho-
doxe Juden und messianisch Gläubige beginnt das neue Jahr jedoch im Frühling, wie von Gott vorgegeben. Das macht meines
Erachtens auch viel mehr Sinn, denn im Frühling wird alles neu,
alles erwacht zum Leben – nicht wie im Herbst, wo alles verwelkt
und abstirbt. Das gilt natürlich erstrecht für den winterlich kah-
len, gregorianischen Dezember!

Jom Kippur (יום כיפור, Versöhnungstag)
Er findet zehn Tage nach Jom T'ruah, am zehnten Tag des siebten
Monats Tischrei statt. Hier gebietet Gott zum einzigen Mal das
Fasten (3. Mose 16,29-31). Nichts soll vom In-sich-gehen und Zu-
sammensein mit Gott ablenken, noch nicht einmal Zubereitung
und Verzehr von Mahlzeiten. Es geht um Sünde, Umkehr, Vergebung. Das Wort *Kippur,* כפר, bedeutet "Sühne" und hat mit *bedecken* zu tun. Man sieht es am Wort *kapporet*, in dem die gleiche
Wortwurzel steckt: כפורת, wie der Deckel der Bundeslade heißt,
denn er bedeckt etwas, so wie das Blut der Opfertiere Schuld *bedeckt*. Auch dies ist ein starker Hinweis auf Jeschua!

Die Bedeutung dieses Tages wird von allen anerkannt, auch
von säkularen Juden. Das Leben in ganz Israel kommt zum Still-
stand: niemand arbeitet, TV und Radio senden nicht, Geschäfte
bleiben geschlossen. Die Menschen gehen in die Synagogen, beten, fasten. Bedrückung liegt in der Luft. Man hofft, im Buch des
Lebens eingeschrieben zu werden.

Genau das war die Heimtücke im Jom-Kippur-Krieg 1973, als
Syrien und Ägypten diesen heiligsten aller biblischen Feiertage
ausnutzten, um Israel anzugreifen. Sie wussten, dass das Land an
diesem Tag total wehrlos war; sogar das Militär hatte keinen
Dienst, befand sich überwiegend in den Synagogen. So konnten
die feindlichen Armeen ins Land eindringen. Doch bereits in der
zweiten Woche hatte Israel sie im Norden und Süden vollständig
besiegt. Es war ein Wunder Gottes – anders lässt es sich unter

diesen Umständen nicht beschreiben! Doch hatte Israel in diesem Krieg sehr viele Tote zu betrauern und daher steht die israelische Armee seitdem an Jom Kippur immer in Bereitschaft.

Als es den Tempel noch gab, war dies der einzige Tag im Jahr, an dem der Hohepriester das Allerheiligste als Einziger betreten durfte. Es gab zwei Opfertiere, zwei Ziegenböcke. Mittels Los, *Pur,* פר, wurde ermittelt, welcher Bock das Sündopfer sein und welcher als "Sündenbock" Asasel, עזזל, (3. Mose 16,2-24; dieser bekannte Begriff kommt tatsächlich hier her!) in die Wüste geschickt werden sollte (hat sich auch in unseren Sprachgebrauch eingeschlichen). Auf ihn wurden zuvor symbolisch alle Sünden und Vergehen der Israeliten im vergangenen Jahr gelegt, und dann wurde er in die Wüste geschickt, von wo er nicht wieder zurückkehrte.

Messianisch Gläubige wissen, dass sie durch *Jeschuas* Opfer die Vergebung Gottes bereits erhalten haben, weshalb sie den Tag nicht als erdrückend empfinden, sich sogar freuen können. Das Blut des Sündopfers weist auf das reinigende Blut Jeschuas hin: zum einen erwirkte *Sein* Blut *Sühne* für unsere Sünden, und zum andern trug Jeschua, wie jener Sündenbock, unsere Sünden so weit weg, "wie der Osten ist vom Westen" (Tehellim/Psalm 103, 12). Mit dem Unterschied, dass *Jeschuas* Opfer endgültig war!

Sukkot (סוכות, Laubhüttenfest)

Es ist das letzte der sieben Jahresfeste, das dritte Erntefest (Wein, Getreide, Obst). Man feiert ab dem 15. Tag des siebten Monats Tischrei. Es ist das dritte Pilgerfest und dauert sieben Tage: "Feiert sieben Tage lang ein *fröhliches* Fest für mich, den Herrn (JHWH), euren Gott" (Elohim; 3. Mose 23,40; Hfa), gebietet JHWH.

An anderer Stelle ist Er noch genauer: "Das Laubhüttenfest sollst du sieben Tage lang feiern, wenn Getreideernte und Weinlese beendet sind. Als *Freudenfest* sollst du es begehen mit deinen Söhnen und Töchtern, deinen Sklaven und Sklavinnen (*Angestellten, Mitarbeitern*), dem Leviten, dem Fremden, der Waise und der Witwe in deinem Wohnort. Sieben Tage lang sollst du Jahwe, deinem Gott, das Fest *feiern* und zwar an dem Ort, den Jahwe auswählen wird (damals war es ja noch die *Mischkan*, das bewegliche Zelt, das überall hin mitgenommen wurde. Später ging man zum feststehenden Tempel in Jerusalem). Denn Jahwe, dein Gott, wird dich segnen in allem Ertrag und der Arbeit deiner Hände, sodass du dich der *Freude* überlassen kannst" (5. Mose 16,13-15; NeÜ). Es soll dir kein Nachteil sein, wenn du während dieser Festtage nicht arbeitest!

Es ist das fröhlichste der sieben Feste. Die Israeliten sollten in kleinen Hütten, Sukkot (*Sukka* im Singular), feiern (3. Mose 23,42-43), um sich an die 40 Jahre der Wüstenwanderung zu erinnern. Sogar heute feiert man in solchen Sukkot. Das Dach ist mit Laub bedeckt, damit man nachts die Sterne sehen kann. Man sitzt darin, isst, hat Gemeinschaft, übernachtet bisweilen sogar darin und erhält somit eine leise Ahnung davon, wie die Israeliten damals in der Wüste lebten. Das hält die Erinnerung besonders lebendig!

Auch in unserem Leben befinden wir uns auf einer Wanderschaft. Das einzig Beständige ist Gott selbst, der mit Seinem Volk geht, zu dem wir als nichtjüdische, aber *eingepfropfte* Gläubige ebenfalls gehören! Die Sukka symbolisiert das temporäre Lager der Israeliten in der Wüste, ebenso wie das Leben allgemein, das ja auch nur ein kurzer Zeitraum vor der Ewigkeit ist.

Gott war ihr Versorger in der Wüste. Tag und Nacht war Er bei ihnen – tagsüber in der Wolkensäule, nachts in der Feuersäule (2. Mose 13,21). Später kam Er mit Seiner Gegenwart (schechina) in die Mischkan (Stiftshütte, Zelt). Jochanan (Johannes) beschreibt in Offenbarung 21,3 die neue Welt und das neue Jerusalem, wobei er eine Stimme vom Thron her rufen hörte: "Siehe da, die *Hütte* Gottes bei den Menschen! Und er wird bei ihnen wohnen, und sie werden sein Volk sein". Somit ist dieses fröhliche Fest auch ein Vorschatten auf das Millennium, also die Zeit, in der Jeschua tausend Jahre lang hier auf Erden von Jerusalem aus die Welt regieren wird, wie wir in Offenbarung 20 lesen können!

Zuerst also der Blick zurück, um uns daran zu erinnern, wie Gott die Israeliten befreit und sicher durch die Wüste geführt hat. Dann der Blick nach vorn auf die Erlösung aller Menschen, in Erwartung der baldigen Wiederkunft des Messias! Und selbst, wenn Er wieder hier ist, wird Sukkot gefeiert werden: "Die Überlebenden der Völker, die gegen Jerusalem gekämpft haben, werden von da an jedes Jahr nach Jerusalem ziehen, um das Laubhüttenfest zu feiern und Jahweh, den allmächtigen Gott, anzubeten" (Sacharja 14,16; NeÜ). Zwar wird Israel zurzeit noch nicht mit Waffen bekämpft, doch es wird politisch immer mehr isoliert.

In Jerusalem findet seit über sechzig Jahren zu diesem Fest eine riesige Parade statt, der *Jerusalem-Marsch*, an dem seit Jahren auch immer mehr Christen aus aller Welt teilnehmen, die Israel und den Juden damit ihre Solidarität und Liebe bekunden. Somit beginnt auch diese Prophetie sich allmählich zu erfüllen!

Die biblischen Feste drücken die ewige Gültigkeit des Wortes Gottes auf einzigartige Weise aus: Sie *alle* weisen auf die Wiederherstellung des Menschen zu Gott durch den *Messias Jeschua* hin; *Er* ist ihre *Erfüllung!* Gottes Absichten könnten nicht schöner dargestellt werden! Nachdem sich die Frühlingsfeste durch Sein erstes Kommen bereits erfüllt haben, steht Seine Wiederkunft, die an einem *Jom T'ruah* stattfinden soll (1. Thessalonicher 4,16), kurz bevor. Nur wenige Prophetien stehen noch aus.

Auch die Feste *Chanukka* (Makkabäer 1+2, apokryph) und *Purim* (Buch Esther) basieren auf biblischen Ereignissen. Zwar sind sie nicht von Gott vorgegeben (sie werden nicht in 3. Mose 23 erwähnt), denn sie beziehen sich nicht direkt auf Seinen Heilsplan mit uns. Doch sie zeugen von Seiner Treue in Zeiten großer Verfolgung!

In 3. Mose 23 heißt es meist: "Diese Ordnung gilt *für alle künftigen Generationen,* wo immer ihr auch wohnt" (Hfa). Das bedeutet: diese Feste gelten *für immer, bis* in unsere Gegenwart hinein *und* darüber hinaus! Gott selbst hat es so verfügt! Sie existieren, damit wir uns *immer* daran erinnern, für was sie stehen, *bis* ihre

Erfüllung komplett ist. Und *komplett* ist sie bei der Wiederkunft Jeschuas; das gilt insbesondere für die Herbstfeste!

"… wo immer ihr auch wohnt": Gott wusste bereits im Vorwege von den großen Zerstreuungen viele Jahrhunderte später: das Exil des späteren Nordreiches (Haus Ephraim bzw. Haus Israel) nach Assyrien, von wo aus sie in die ganze Welt wanderten. Dann das babylonische Exil, in welches das Südreich (Haus Juda bzw. Haus Davids) 598 v.Chr. verbannt wurde, und letztendlich die Diaspora ("Zerstreuung"), in der die meisten Juden eines Tages leben würden. Doch weil sie auch in ihrer Rebellion immer wieder zu Gott zurückkehrten und Gott selbst es ihnen zugesagt hatte, konnten sie bis heute als souveränes Volk in der Fremde überleben!

Die Anordnung für diese Feste gilt ebenso den später hinzugekommenen Goyim – denjenigen Gläubigen, die keine *natürlichen* jüdischen Wurzeln haben; wir sahen ja bereits, dass Gott den "Fremdling" immer mit einbezieht. Im erneuerten Bund finden wir nirgends ein Wort darüber, dass diese Feste abgeschafft worden wären! Im Gegenteil: wir lesen, dass auch *Jeschua* sie feierte! Er feierte den *Schabbat* (z.B. Markus 1,21) ebenso wie *Pessach* (z.B. Matthäus 26,17) und das *Laubhüttenfest* (Johannes 7), sogar *Chanukka* feierte Er (Johannes 10,22)!

Apostel und Gläubige der ersten Jahrhunderte feierten diese Feste. Mit welcher Begründung wurden sie also abgeschafft? Einen *biblischen* Grund gibt es nicht. Es war eine rein *menschliche* Entscheidung, die *nichts* mit Gott zu tun hatte. Die Ansage Gottes, dass dies "für euch <u>und</u> eure Nachkommen nach euch durch <u>alle</u> *ihre Generationen* hindurch" gilt, wird nicht beachtet und oft mit ignoranten Argumenten wie diesem wegdiskutiert: "Wir brauchen sie nicht mehr zu feiern, denn wir leben ja im Neuen Testament." *Ohne* Anweisung Gottes die Feste einfach ersatztheologisch für ungültig erklären? Gibt es prophetische Worte, die dies rechtfertigen würden? Denn laut Amos 3,7 informiert Gott Sein Volk immer durch Seine Propheten, bevor Er etwas tut.

Und wer sagt, es sei etwas Schlechtes, Feste zu feiern, noch dazu die *Feste Gottes,* die *alle* auf *Jeschua* hindeuten?! Mit dem Wissen aus unserer *heutigen* Perspektive bekommen sie sogar noch viel mehr Bedeutung! Ganz davon abgesehen, dass Christen *in* den Baum Israel *eingepfropft* sind und von *dessen* Wurzeln und Säften leben und *nicht* umgekehrt!

Mit der Abschaffung der Feste Gottes ist Konstantin die Trennung des Christentums von seinen hebräsch-jüdischen Wurzeln eindeutig "gelungen"... Man stelle sich einen natürlichen Baum vor: ohne Wurzeln kippt er früher oder später! Genau *das* geschah mit der christlichen Kirche, was unter anderem an den vielen Trennungen und Spaltungen zu sehen ist:

Denn mittlerweile hat sich die weltweite Christenheit laut einer Studie des Barna-Forschungsintituts in die schier unglaubliche Zahl von 41.000 Gemeinden und Denominationen gespalten! Die Ersatztheologie hat die Gläubigen für das *Fundament,* die Torah, die Propheten, die Wurzeln, verblendet. Im Unterbewusstsein erahnte das wohl mancheiner, weshalb sich viele in verschiedene Richtungen auf die Suche begaben und an gewis-

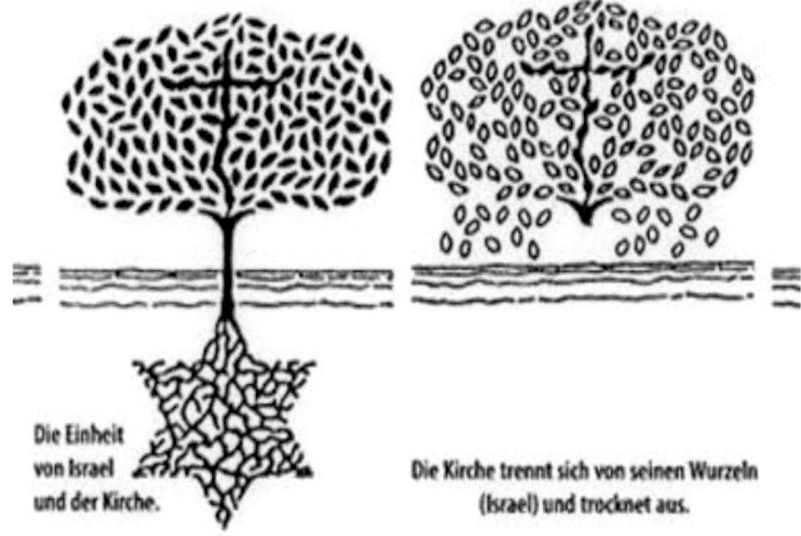

Die Einheit von Israel und der Kirche.

Die Kirche trennt sich von seinen Wurzeln (Israel) und trocknet aus.

[Bild: Israel Heute]

sen Nebenschauplätzen stehenblieben, die nicht viel mit dem Fundament zu tun hatten – Spaltung war vielerorts die Folge. Man suchte weiter, aber es endete oft wieder in Spaltung.

Doch es ist so wunderbar zu erleben, wie Gott in Seiner Liebe und Seinem Erbarmen dieses seit Jahrhunderten tief im menschlichen Geist schlummernde Wissen heute in immer mehr Gläubigen *weltweit* wiedererweckt und sie zu ihrem hebräisch-jüdischen Fundament zurückführt! Die *ewige* Gültigkeit Seines *kompletten* Wortes rückt wieder in das Bewusstsein Vieler!

So beginnen viele Christen sich wieder für die Torah zu interessieren, sogar für die hebräische Sprache, und entdecken dabei aufgrund der Besonderheiten in der hebräischen Schriftsprache (den Wortwurzeln) immer wieder den tieferen Sinn gewisser Kontexte, der im Deutschen oft nicht durchkommt. Auf diese Weise werden auch die Hintergründe gewisser Situationen immer klarer. Falsche Übersetzungen treten hervor. Die Vorschatten Jeschuas in der Torah werden erkennbar, was gleichzeitig die Ersatztheologie immer deutlicher werden lässt. Man beginnt zu begreifen, was sie angerichtet hat. Die Distanz zu Gottes lebendigem Wort war durch sie immer größer geworden, die Kirche immer mehr von ihrem Kurs abgewichen, wodurch ihre Lehre immer fehlerhafter wurde.

Was war das für eine Überraschung für mich, *Jeschua* und den *liebenden* Vater im ersten Bund zu *erkennen!* Die Stellen im ersten Bund, in denen von Gottes Liebe und Gnade die Rede ist, wurden ja nie wirklich gelehrt, man sah quasi nur den 'strafenden' Gott und hörte nur von Bibel*geschichten* (was sie zu *Legenden* degradiert) und Weisungen Gottes, die für Christen heute angeblich keine Gültigkeit mehr hätten. Doch wenn wir die Bibel für sich selbst sprechen lassen, kommen wir der Wahrheit immer näher!

Nach diesen Erkenntnissen war die Freude für mich fast körperlich spürbar, dass *wir Teil Israels* sind und *nicht* umgekehrt, Israel Teil des Christentums!

Gefährliches Gemisch von Glaubensinhalten

Weihnachten wurde eingeführt, um am 25. Dezember den Geburtstag des *Sol invictus* (des *unbesiegten Sonnengottes*), zur gleichzeitigen Wintersonnenwende (den *Saturnalien*, einem mehrtägigen Fest zu Ehren des römischen, Kinder fressenden Gottes *Saturn; Wikipedia*), mit dem Geburtstag Jeschuas zu kombinieren. Konstantin wollte seine christlichen Bürger zufriedenstellen. Doch so wurde das Heidnische nur mit *Unechtem* übertüncht, denn wie bereits erwähnt, wurde die Geburt Jeschuas bis zu jenem Zeitpunkt nie gefeiert; es war also nur eine Erfindung des Moments. Ich kann mir jedoch gut vorstellen, wie froh die Christen gewesen sein müssen, nun nicht mehr verfolgt zu werden, sodass ihnen diese List wahrscheinlich gar nicht weiter auffiel. Und später waren sie so sehr daran gewöhnt, dass es ihnen erstrecht nicht mehr auffiel.

Jeschua wurde auch nicht im Dezember geboren, sondern mit an Sicherheit grenzender Wahrscheinlichkeit an Sukkot, dem Laubhüttenfest im Herbst (September/Oktober). Anhand biblischer Informationen lässt sich das auf Grundlage des biblischen Kalenders errechnen (der in Lukas 1,5 erwähnte Priesterdienst *Abija*, in 1. Chronik 24,1-19 erklärt. Dort lässt sich erkennen, wann die jeweiligen Dienste begannen. Dann die in den Lukasversen 24-57 erwähnte Schwangerschaft von Elischeva/Elisabeth, die im sechsten Monat war, als Mirjam/Maria schwanger wurde. Die Geburt von Elischevas Sohn Jochanan (Johannes) drei Monate nach Mirjams Besuch, und die Geburt Jeschuas etwa ein halbes Jahr danach).

Auch anderes deutet darauf hin, so zum Beispiel die Tatsache, dass die Schäfer mit ihren Schafen nachts draußen waren (Lukas 2,8). Das wäre *nicht* der Fall gewesen, wäre Jeschua tatsächlich im Winter geboren worden, denn auch im Nahen Osten kann es zu der Jahreszeit empfindlich kalt werden. Im elften Monat des biblischen Kalenders, Sch'wat (gregorianischer Dezember/Januar; Sacharja 1,7), wurden Schafe nicht mehr draußen geweidet.

Ein weiterer Grund lag darin, dass Mirjam und Josef keine Unterkunft in Bethlehem fanden. Im Winter hätten sie das Problem sicher nicht gehabt. An *diesem* Sukkot aber kamen Juden zum letzten der drei Pilgerfeste von überall her nach Jerusalem zum Tempel gepilgert, auch aus Nachbarländern. Gleichzeitig war in jener Zeit eine Volkszählung angesetzt gewesen, sodass die gesamte Gegend zum Zerbersten überfüllt war. Daher wichen viele Menschen zur Übernachtung in umliegende Dörfer aus.

Wie bereits erwähnt, wurden (und werden) jedes Jahr zu diesem Fest Hütten gebaut, in denen man feiert. Es ist anzunehmen, dass Mirjam und Josef kein Stall, sondern so eine Sukka angeboten worden war, in der Jeschua dann zur Welt kam.

Nichts spricht gegen ein traditionelles Gedenken Seiner Geburt. Doch warum musste das auf ein Datum gelegt werden, an dem sie nie stattgefunden hatte, einem Datum, das ausgerechnet auch noch Götzen geweiht war? Konstantin hatte diese Hinweise subtil ausgehebelt, sodass es kaum auffiel.

Seit jenem Schawuot trafen sich messianisch Gläubige nicht nur im Tempel (außerhalb Jerusalems in den Synagogen), sondern auch in ihren Häusern, wie wir in Apostelgeschichte 2,26 erfahren. Da sie jedoch schon bald nicht mehr in den Synagogen zugelassen wurden, versammelten sie sich in den Folgejahren ausschließlich in ihren Hausgemeinden. Doch später ließen Konstantin und seine einflussreiche Mutter Helena große Kirchengebäude errichten und verboten den Gläubigen, sich weiterhin in den Häusern zu versammeln. So hatte er sie unter Kontrolle, was ihm u.a. die Einführung christlicher Feste erleichterte. In den folgenden Jahrhunderten gab es die Bibel nur auf Latein (Vulgata) und nur für den Klerus. Dabei kam Konstantin 'hilfreich' entgegen, dass Otto-Normalgläubige meist weder lesen noch schreiben konnten – im Gegensatz zu den Juden, die ihre Kinder von klein auf lehrten!

Mit der "geweihten Nacht" an einem heidnischen Feiertag sollten zusätzlich diejenigen, die aus dem Hintergrund der an den griechischen Götterkult gelehnten römischen Vielgötterei bzw. dem Mithraskult kamen (beide stellten in jener Zeit eine beachtliche Mehrheit dar), leichter zum Christentum finden. Jedoch legten viele, wenn nicht gar die meisten, ihren heidnischen Hintergrund nicht wirklich ab. Die Ersatztheologie ließ da viel Spielraum...

Es kam zur Vermischung von Glaubensinhalten, was vielen christlichen Festen eigen ist: so rührt der Name *Ostern* etwa von der mutmaßlichen Fruchtbarkeitsgöttin *Ostara* her (Eostre, Aschera, auch Astarte, Aphrodite, Ischtar – dieselbe Göttin, doch ihr Name variierte je nach Kultur, in der sie angebetet wurde). Wie auch immer, die Bedeutung *Fruchtbarkeit* schwingt unterschwellig immer mit: denke an die Oster*eier* – die kommen doch nicht von ungefähr! Und das Märchen mit dem Oster*hasen* ist in der Tat ein Schlag ins Angesicht Gottes! Eier und Hasen sind okkulte Symbole jener Göttin (auch die Zeitschrift *Playboy* bedient sich ihrer Symbole...).

Die Behauptung, solche Hintergründe seien für uns heute doch schon lange nicht mehr relevant, wer denkt denn schon an sowas?, sind pure Augenwischerei! Okkult ist okkult, egal wie versteckt es auch liegen mag: wie mit unsichtbaren Armen greift es nach einem, wenn man sich (unbewusst) darauf einlässt, und dringt auf diese Weise unbemerkt in das Leben desjenigen ein.

Das vorhin erwähnte, erst 1950 als Dogma festgelegte "Mariä Himmelfahrt" wurde bereits im fünften Jahrhundert eingeführt und auf den Tag der angeblichen 'Himmelfahrt' von Zeus-Tochter Astraea gelegt. Ihre angebliche Jungfräulichkeit bot sich regelrecht dazu an, was es den damaligen Heiden erleichterte, den christlichen Glauben *zusätzlich* anzunehmen.

Es wird verständlich, was Jeschua Seinen Jüngern klarmachte (Er meinte den Mammon. Aber Seine Erklärungen sind ja meist vielfältig anwendbar): "Niemand kann zwei Herren gleichzeitig dienen. Wer dem einen richtig dienen will, wird sich um die Wünsche des anderen nicht kümmern können. Er wird sich für den einen einsetzen und den anderen vernachlässigen" (Matthäus 6,24; Hfa). Das gilt auch dann, wenn man sich als Bibelgläubiger mit östlichen Religionen befasst: nichts Halbes und nichts Ganzes also.

Diese gefährliche Vermischung hat sich erhalten: in wie vielen Ländern, in denen die Kirche den Menschen jahrhundertelang den Katholizismus geradezu aufgezwungen hatte, wurden Teile von deren religiösen Kult ins Christentum übernommen...

Ich kenne Südamerika relativ gut; dort ist jede Menge Irrlehre, Okkultismus, Aberglaube und Götzenkult in den Gemeinden anzutreffen... (siehe "Einschub" am Ende dieses Kapitels). Und die dort vielfach noch bedeutsame Kirche sagt nichts dazu! Im Gegenteil, oft werden dämonische Riten unter dem Deckmantel des 'Respekts anderen Kulturen gegenüber' einfach toleriert. Dagegen werden die inzwischen stark angewachsenen *bibeltreuen* Gemeinden als *'Sekten'* betitelt und sogar bekämpft. Mit dem Resultat, dass viele Menschen die tatsächliche Erlösung gar nicht erkennen können. Was für eine Tragik...

Doch das ist nicht neu. Auch im ersten Bund gab es sogenannte "Diener" Gottes, die aus Selbstsucht bzw. Machtbesessenheit heraus das Volk nicht richtig lehrten. In Jeheskel/Hesekiel 13,10 kritisiert Gott sie scharf: "Ihr führt mein Volk in die Irre, denn ihr ruft: 'Wir werden glücklich und in Frieden leben!' Doch es gibt keinen Frieden! Mein Volk hat eine dünne Schutzwand aus losen Steinen aufgeschichtet, und ihr habt sie mit weißer Farbe übertüncht, als sei sie eine feste Mauer" (Hfa).

Es wird deutlich, dass der neue, *äußere Anstrich* einer faulen Sache (in unserem Fall die *Christianisierung* des heidnischen 25. Dezember) diese *nicht von innen her* verändert! Das ist es auch, was Jeschua meinte, als Er den damaligen Schriftgelehrten vorwarf: "Wehe euch, ihr Schriftgelehrten und Pharisäer! Ihr seid wie die gepflegten Grabstätten: von außen sauber und geschmückt, aber innen ist alles voll stinkender Verwesung" (Matthäus 23,27; Hfa). Und weil die damaligen Kirchenführer keine adäquate Unterweisung im

Wort Gottes mehr erhalten hatten, wurde die biblische Botschaft immer mehr verwässert.

Der Vorgang des *Verwässerns* hat mehrere Folgen: einerseits wird das Ursprüngliche, in unserem Fall Gottes Wort, nicht sonderlich ernstgenommen; es wird relativiert und verliert mehr und mehr an Gewicht. Kinder werden nicht mehr im Wort unterwiesen. Die historisch-kritische Methode im Theologiestudium der Neuzeit hat ihr Übriges dazu getan: Gott kommt über den Status einer traditionellen Legende nicht hinaus – Er rückt in immer größere Entfernung, bald kennt Ihn niemand mehr.

Andererseits können äußere Einflüsse leicht eindringen, wie esoterisches Gedankengut oder Teilaspekte aus anderen Religionen, Ideologien. Das Ursprüngliche wird vermischt und infolgedessen verfälscht. Menschen basteln sich Gott selbst zurecht, jeder nach seiner Façon. Bald ist Gott nicht mehr zu erkennen.

~ Einschub ~

Obskure Riten...

Schaufenster einer mexikanischen Konditorei: Totenköpfe, Särge, Kreuze...

"Día de los muertos" – "Tag der Toten": eines der wichtigsten religiösen Feste im katholischen Mexiko. Die Kirche legte dieses altmexikanische Ritual mit Allerheiligen und Allerseelen zusammen; man feiert den alljährlichen Besuch von Verstorbenen. Überall gibt es Süßigkeiten in Form von Todessymbolen, vermischt mit christlicher Symbolik (Bild Wikipedia), mit denen auch Altäre in Kirchen geschmückt werden. Menschen verkleiden sich; es erinnert ein wenig an Halloween. Auf Friedhöfen finden riesige Feiern statt, bei denen Unmengen an Alkohol fließen. Mit dem Gott der Bibel hat das Ganze rein gar nichts zu tun. Es ist die Folge der Vermischung

*von Glaubensinhalten: Menschen werden zu Götzenverehrung und aller-
lei geistlichem und anderem Missbrauch verführt.*

*"Feste" dieser Art sind in Mexiko Grund für massive Christenverfol-
gung, da bibeltreue Gläubige sich nicht daran beteiligen. Es heißt dann,
sie wollten die mexikanische Kultur zerstören... Die Repressalien gegen sie
sind so ungeheuerlich, dass das Land zeitweilig bei* **Open Doors** *auf dem
international anerkannten Verfolgungsindex zu finden ist...*

Ewige Gültigkeit

Gott meint, was Er sagt! Auch bezüglich *Israel* redet Er an vielen Stellen Seines Wortes klipp und klar, etwa in Jesaja 41,8-9: "Du aber, <u>Israel</u>, mein Knecht, <u>Jakob, mein Auserwählter</u> (Gesamt-Israel), du <u>Same Abrahams</u>, meines Freundes, den ich von den Enden der Erde ergriffen und aus ihren entferntesten Winkeln berufen habe, und zu dem ich gesprochen habe: Du bist mein Knecht, <u>ich habe dich *auserwählt* und *nicht* verworfen</u>" (Elbf).

"Von den Enden der Erde" und "aus ihren entferntesten Winkeln" bezieht sich prophetisch auf die heutige Zeit, denn seit der Gründung des Staates Israel am 14. Mai 1948, kehren die Juden aus der Diaspora zurück! Vor unseren Augen erfüllt es sich!

In Amos 9,14-15 sagt Gott: "Und ich will das Geschick *meines Volkes Israel* wenden, und sie werden die verwüsteten Städte wiederaufbauen und bewohnen, Weinberge pflanzen und deren Wein trinken, Gärten anlegen und deren Früchte genießen. Und <u>ich werde sie einpflanzen *in ihr Land;* und sie sollen aus ihrem Land, das ich ihnen gegeben habe, nicht mehr herausgerissen werden! spricht der Herr</u> (Jahweh), <u>dein Gott</u> (Elohim)" (Sch2000).

"... sie sollen ... nicht mehr herausgerissen werden", ist auch eine Verheißung für die heutige Zeit, in der Juden nach der Schoah wieder in ihre angestammte Heimat zurückkehren. Doch hat Israel auf allen Ebenen zu kämpfen und wird von immer mehr Nationen allein gelassen, wie es in Sacharja 12,3 vorhergesagt ist: "Alle Völker der Erde werden sich gegen Jerusalem verbünden."

Es ist Israels Berufung, Licht für die Nationen zu sein: "Mache dich auf, werde Licht! Denn dein Licht kommt, und die Herrlichkeit des Herrn geht auf über dir! Denn siehe, Finsternis bedeckt die Erde und tiefes Dunkel die Völker; aber über dir geht auf der Herr, und seine Herrlichkeit erscheint über dir. Und Heidenvölker werden zu deinem Licht kommen, und Könige zu dem Glanz, der über dir aufgeht. Hebe deine Augen auf und sieh um dich:

Diese alle kommen versammelt zu dir! Deine Söhne werden von ferne kommen und deine Töchter auf dem Arm herbeigetragen werden" (Jesaja 60,1-4; Sch2000), hatte Gott Israel durch Seinen Propheten mitgeteilt. In dem Juden Jeschua wurde dieses Licht physisch: "Ich bin das Licht der Welt" (Johannes 8,12; Sch2000)!

Bereits früher hatte Gott zu Abraham gesagt: "Wer dich segnet, den werde ich auch segnen. Wer dich verflucht, den werde ich auch verfluchen. Alle Völker der Erde werden durch dich gesegnet werden" (1. Mose 12,3; Elbf.). Im hebräischen Original steht statt "Völker" das Wort *mischpachot:* משפחת = Familien. So ist es doch wesentlich persönlicher – Gott hat *alle* Menschen im Blick, bis in die kleinste soziale Zelle hinein!

Er wiederholt die Verheißung mehrfach (u.a. 4. Mose 24,9), was die Bedeutsamkeit Seines Wortes bekräftigt. Seit ewigen Zeiten haben sich Segen und Fluch bestätigt. So versanken die Seleukiden beispielsweise im ersten Jahrhundert v.Chr. in die Bedeutungslosigkeit, nachdem sie den Tempel entweiht hatten, indem sie dort Schweine geopfert und die Juden gezwungen hatten, das Fleisch zu verzehren. Das römische Reich ging irgendwann unter, nachdem Kaiser Konstantin die Juden verflucht hatte und alles Jüdische aus dem gelebten, biblischen Glauben entfernen ließ.

In der jüngeren Geschichte lag Deutschland nach dem Holocaust in Schutt und Asche, das Land wurde geteilt. Auch im heute rasant wieder ansteigenden Antisemitismus bekommen einige Staaten bereits zu spüren, was es heißt, sich gegen Israel zu stellen. Viele Natur- und andere Katastrophen in den USA ereigneten sich in den letzten Jahren oftmals unmittelbar nach Regierungsbeschlüssen gegen Israel (z.B. Hurricane Andrew und Katrina, Finanzzusammenbrüche, etc.).

Vor einiger Zeit schockierte mich ein YouTube Video, in dem der damalige Präsident Venezuelas, Hugo Chavez, in einer öffentlichen Rede Israel verfluchte. Kurz darauf starb er. Und auch unter dem neuen Präsidenten Nicolás Maduro versinkt das Land trotz riesiger Ölvorkommen in immer desolateren Zuständen. Das kann sich meines Erachtens nur dann erst wieder ändern, wenn die Verantwortlichen *öffentlich* in die Buße gehen, denn *öffentlich* hatte Chavez als Führer seines Landes Israel verflucht.

Dagegen bezog der vorige kanadische Premierminister Stephen Harper eindeutig Stellung *für* Israel. In einer Rede, die auch auf YouTube zu sehen ist, betonte er dies im November 2010 eindeutig. Wegen eines davor gestellten Misstrauensvotums, das unter anderem mit seiner Haltung Israel gegenüber zusammenhing, wurden für März 2011 Neuwahlen angesetzt, die Harper jedoch zur Überraschung aller haushoch gewann!

Es ist direkt auffällig, wie heute immer weniger an die Gräuel gedacht wird, denen die Juden vor über 70 Jahren im Holocaust ausgesetzt waren. Man denkt auch nicht darüber nach, was Juden seit über 3000 Jahren immer wieder erleben mussten. Und heute wird Israel das Existenzrecht erneut abgesprochen. Bibel- und Geschichtswissen nehmen derzeit dramatisch ab; Unwahrheiten über Israel werden einfach hingenommen und weiterverbreitet. Westliche Medien tun dies oft sogar ganz gezielt.

In den eben erwähnten Texten aus Amos, Jesaja, Sacharja und anderen, verheißt Gott eindeutig, dass bald Schluss sein wird mit so viel Ungerechtigkeit und Bosheit Seinem Volk gegenüber, was sich letztendlich auf *alle Menschen* auswirken wird. Doch viele wollen dies nicht wahrhaben.

Die beiden hier zuerst erwähnten Verheißungen aus Jesaja und Amos bestätigen, was Gott Seinem Volk bereits viel früher zugesagt hatte! Zu Abraham, mit dem Er Seinen Bund direkt geschlossen hatte, sagte Er: "<u>Dieser Bund gilt *für alle Zeiten*</u>, für dich <u>*und*</u> für deine Nachkommen. Es ist <u>ein Versprechen, das *niemals* gebrochen wird</u>: Ich bin dein Gott <u>*und*</u> der Gott deiner Nachkommen" (1. Mose 17,7 Hfa). In Schof'tim/Richter 2,1 bestätigt Er es noch einmal: "Ich habe euch aus Ägypten herausgeführt und in dieses Land gebracht, das ich euren Vorfahren mit einem Schwur zugesichert habe. Ich habe gesagt: 'Meinen Bund mit euch werde ich *niemals* brechen'," (Hfa).

"Für alle Zeiten", *"niemals"*... Wie sind diese Begriffe zu deuten? Kann ein *Mensch* außer Kraft setzen, was *Gott* gesagt hat? *Er,* von dem es heißt, Er sei *derselbe* gestern, heute und in alle Ewigkeit (Hebräer 13,8), widerspricht sich nicht! *Er* lügt nicht; was *Er* sagt, gilt für *alle* Zeiten – also auch im erneuerten Bund! Dürfen *wir* Ihm dann Auslegungen nach *unserem* Gutdünken unterstellen, bzw. *Sein* Wort verdrehen? Der Mensch versucht es immer wieder... Doch Gottes Wort ist eindeutig: "Ich bin Jahweh, ich habe mich nicht geändert" (Mal'achi/Maleachi 3,6; NeÜ)!

In Jeremia 31,35-37 wird Gott ganz deutlich. Zuerst redet Er zu den Israeliten über den neuen Bund und kündigt an, dass Er Sein Gesetz (Seine Torah) in ihre Herzen schreiben wird (an Schawuot, also Pfingsten) und dann sagt Er: "Ich, der Herr (Jahweh), habe die Sonne dazu bestimmt, den Tag zu erhellen, den Mond und die Sterne, damit sie nachts leuchten. Sie alle folgen einer festen Ordnung. Ich lasse die Wellen des Meeres tosen, denn ich bin der Herr (Jahweh), der allmächtige Gott. Ich sage: *So wie diese feste Ordnung für immer besteht, wird auch Israel für immer mein Volk sein. Und wie man die Weite des Himmels und die Fundamente der Erde niemals ermessen kann, so werde ich Israel nicht verstoßen* trotz allem, was es getan hat. Darauf gebe ich, der Herr (Jahweh), mein Wort!" (Hfa) Doch werden Aussagen wie diese von der Ersatztheologie in ihrer Lehre ignoriert.

In Tehillim/Psalm 132,13-14 sagt Gott etwas, das Er sicher nicht gesagt hätte, wenn Er Israel das Land nicht *für immer* zugesagt hätte: "Denn Jahweh hat den Berg Zion erwählt, hat ihn zu seinem Wohnsitz bestimmt: 'Hier soll für immer mein Ruheplatz sein, hier will ich wohnen, hier wollte ich sein!'"

In der Weisheit Gottes bezüglich Israel im neuen Bund stellt Paulus das Thema ganz bewusst in den Raum: "Ich frage nun: Hat Gott sein Volk, die Juden, etwa verstoßen? *Natürlich nicht!*

Vergesst nicht, dass ich selbst ein Jude bin, ein Nachkomme Abrahams vom Stamm Benjamin. Nein, Gott hat sein Volk *nicht* verstoßen, das er von Anfang an erwählt hat" (Römer 11,1-2a; NL). Ich finde, deutlicher kann es nun wirklich nicht gesagt werden!

In Amos 9,11-15 gibt Gott eine wunderschöne Verheißung bezüglich der ewigen Gültigkeit Seines Wortes: "'An jenem Tag werde ich das gefallene Königreich Davids wiederherstellen. Ich werde die Risse seiner Mauern wieder vermörteln und seinen früheren Zustand wiederherstellen. Und Israel wird besitzen, was von Edom und all den Völkern, die ich zu meinem Eigentum berufen habe, übrig ist', spricht Gott (Elohim), der Herr (Jahweh), der dies auch tut. 'Die Zeit wird kommen', spricht der Herr, 'in der das Korn und die Trauben schneller wachsen, als sie geerntet werden können. Dann werden die Weinberge Israels von süßem Wein triefen und überfließen! Ich werde mein vertriebenes Volk Israel aus den fernen Ländern heimholen und sie werden ihre Städte, die jetzt in Trümmern liegen, wieder aufbauen und darin wohnen. Sie werden Weinberge und Gärten pflanzen; sie werden ihre eigenen Feldfrüchte essen und ihren eigenen Wein trinken. Ich werde sie fest einpflanzen in dem Land, das ich ihnen geschenkt habe', spricht der Herr, euer Gott, 'dann werden sie nie mehr ausgerissen werden'" (NL). Ein herrliches Wort!

Und in Jesaja 27,6 gibt Gott eine ebenso herrliche Vorhersage: "In zukünftigen Zeiten wird Jakob (ganz Israel) Wurzel schlagen, Israel wird blühen und grünen, und sie werden den ganzen Erdkreis mit Früchten füllen" (Sch2000).

Beide Verheißungen haben sich seit der Gründung des Staates Israel 1948 erfüllt! Israel hat Städte aufgebaut und die Wüste begrünt, betreibt dort sogar erfolgreich Weinanbau! Früchte und Gemüse werden in die ganze Welt exportiert. Das Land hat sich in eine moderne High-Tech Nation entwickelt, die viele Innovationen und, statistisch gesehen, mehr Nobelpreisträger als andere Nationen hervorgebracht hat!

Vor der Staatsgründung 1948 lagen die Städte tatsächlich in Trümmern, das Land war verdorrt. Niemand hatte sich gekümmert; weder die Türken, die das Land im Jahr 1517 in ihr osmanisches Reich eingegliedert hatten, noch die Briten, die das Land danach (von 1917 bis 1948) nur verwalteten.

Der bekannte amerikanische Schriftsteller Mark Twain bereiste im Jahr 1867 das damalige, von den Römern so benannte Palästina, also Israel, und stellte das eigentlich so fruchtbare Land als öde, ohne blühende Vegetation und fehlende Bevölkerung dar. Er schrieb von einem "desolaten Land", das er als eine "stille, traurige Weite" erlebte, "eine Wüste". Weiter schrieb er: "(Wir sahen) nie einen Menschen auf der ganzen Strecke", "kaum einen Baum oder Strauch". Sogar Olivenbaum und Kaktus... hätten das Land nahezu verlassen (bibel-und-2012.de/2012-04/mark-twain-im-jahr-1867-im-heiligen-land.html). Könnte Mark Twain Israel heute sehen, würde er sich sehr wahrscheinlich verwundert fragen, ob es dasselbe Land ist, das er damals bereist hatte...!

Und noch etwas kristallisiert sich immer mehr heraus, nämlich was es mit den *beiden Häusern Israels* auf sich hat. Aus den vorangegangenen Kapiteln lässt es sich bereits ersehen: Israel hatte sich geteilt. In Melachim I/1. Könige 12 wird es genau beschrieben und Vers 20 macht es klar: "Und es geschah, als ganz Israel (der Teil Israels, der zum Nordreich wurde) hörte, dass Jerobeam zurückgekommen war (aus Sichem, wo er sich von Salomos Sohn und Nachfolger Rehabeam getrennt hatte), da sandten sie hin und beriefen ihn in die Volksversammlung und machten ihn zum König über ganz Israel (Nordreich. Haus Ephraim bzw. Haus Israel), und niemand folgte dem Haus Davids (Südreich, Haus Juda) als allein der Stamm Juda" (Elbf.). Ihm schlossen sich nur der Stamm Benjamin und die Leviten an (die ja als Priester kein eigenes Land besaßen).

Das, was wir landläufig als *Israel* kennen und dabei meist an *alle 12* Stämme denken, ist also *nicht ganz* Israel, sondern *nur* das

Südreich, das *Haus Juda* mit zwei Stämmen. Das Nordreich ist das *Haus Ephraim* bzw. das *Haus Israel*, bestehend aus den zehn anderen Stämmen, die als verschollen gelten. Doch sind sie nicht wirklich verschwunden, sondern leben verstreut unter den Völkern der Welt, vermischten sich mit ihnen. Viele wurden später an Jeschua gläubig. Heute erweckt Gott immer mehr von ihnen: sie erkennen, dass sie *Teil Jakobs*, also *Gesamt*-Israels sind!

Bekannt sind die *Bnei Manasche* (Söhne Manasses), die vor ca. 2700 Jahren von ihrem assyrischen Exil aus gen Osten aufbrachen und jahrhundertelang mit ihren jüdischen Traditionen in Nordostindien lebten. Jetzt kehren sie nach Israel zurück. Tausende sind bereits dort. Spezielle Einwanderungsorganisationen helfen ihnen, wie auch den Juden in der Diaspora, *Alija* zu machen, wie die Rückkehr ins gelobte Land offiziell heißt ("Aufstieg": man geht *immer* nach Jerusalem *hinauf* – selbst wenn man von höhergelegenen Bergen kommt!). Auch die anderen werden bald zurückkehren. Die Rückkehr Ephraims (des Nordreiches) gehört zum Plan Gottes der Wiederherstellung in diesen letzten Tagen der Endzeit!

"Denn siehe, es kommen Tage, spricht der Herr, da ich das Geschick meines Volkes *Israel und Juda* wenden werde, spricht der Herr; und ich werde sie wieder in das Land zurückbringen, das ich ihren Vätern gegeben habe, und sie sollen es in Besitz nehmen" (Jeremia 30,3; Sch2000).

Die Kapitel 36-39 (speziell Kapitel 37) aus dem Buch Jeheskel/*Hesekiel* reden eindeutig davon, wie Gott *beiden* Häusern verheißt, sie in den letzten Tagen wieder *zusammenzuführen* und *eins* werden zu lassen! Ich empfehle, diese Kapitel auf jeden Fall selbst nachzulesen! Denn mit ihnen erfüllt sich gerade eine weitere biblische Prophetie vor unseren Augen:

"Du aber, Daniel, verschließe diese Worte und
versiegle das Buch bis zur Zeit des Endes!
Viele werden darin forschen, und die
Erkenntnis wird zunehmen"
Daniel 12.4; Sch2000

Traditionen

Wir sollten in der Tat einmal innehalten und unsere Traditionen überprüfen. Keines der sogenannt *christlichen* Feste findet auch nur die leiseste Erwähnung in der Bibel. Ja, warum feiern wir sie dann eigentlich? Weil wir seit ewigen Zeiten daran gewöhnt sind und daher meinen, sie hätten schon irgendwo ihre Berechtigung? Weil Weihnachten trotz aller nerviger Hektik als "Fest der Liebe" so schön 'besinnlich' erscheint? Doch ist inzwischen nicht alles immer mehr auf den buchstäblich zur *Religion* mutierten Konsum (Mammon) ausgerichtet? Was steckt wirklich dahinter?

Auch wenn es mitunter schwerfällt, liebgewonnene Gewohnheiten kritisch zu betrachten, sollten wir uns dennoch einmal genau überlegen, was uns eigentlich am Halten der **biblischen** Feste hindert! Einer Bibel, die in ihrer Ganzheit doch die *Grundlage* des christlichen Glaubens ist bzw. es sein sollte! Was ist uns durch das Nichtbeachten dieser wundervollen Feste nicht schon alles verloren gegangen! Unser Fokus wurde auf Dinge gerichtet, die uns wegen ihrer oft anheimelnden Religiosität, aber auch wegen des jedes Jahr zunehmenden Dekors, dem Lichter- und Glitzerkram, an der Wahrheit Gottes vorbeischauen lassen...

Doch von Ihm erhielt Mose die Anweisung: "Rede zu den Kindern Israels und sage ihnen: Das sind *die Feste des Herrn* (JHWHs), zu denen ihr heilige *Festversammlungen* einberufen sollt; **dies sind *meine* Feste**..." (3. Mose 23,2; Sch2000). Es sind **Gottes** Feste – also genau genommen noch nicht einmal *jüdische* Feste, wie sie gewöhnlich genannt werden! Hören wir doch auf den Herrn und schließen uns nicht länger *selbst* von Seinen Segnungen aus!

Im Hebräischen heißen diese Feste *moed, "mo-ed",* מועד (*mo-edim* im Plural, מועדים). Ein *moed* ist eine festgesetzte, verabredete Zeit. An diesen Festtagen haben wir also einen *Termin,* eine *Verabredung* mit Gott! Verabredungen sind gewöhnlich angenehme Ereignisse, und so gehen diese Feste mit Gebet und dem

Wort Gottes, ebenso mit Musik, Gesang, Tanz, Essen und Gemeinschaft einher. Herrlich, wie Gott es auf liebevolle Weise so eingerichtet hat, dass Seine Anweisungen, Taten und Pläne immer lebendig bleiben! Okkult vorbelastete bunte Ostereier und geschmückte Weihnachtsbäume sind dafür eher ungeeignet...

Diese Feste sind Gott immens wichtig! Er ist ein Gott der Gemeinschaft und daher spricht die Bibel an so vielen Stellen, allen voran den Psalmen davon, dass wir *fröhlich* sein _sollen,_ uns am Herrn erfreuen, essen, trinken, lachen, tanzen, singen, musizieren, "fröhlichen Lärm machen" wie es in der englischen Übersetzung von Psalm 100,1 heißt. Im hebräischen Original heißt es *jubeln, jauchzen.* Fröhlicher Lärm und Jubel sind nicht leise, gehen nicht religiös-sakral vonstatten!

So sind bei aller Ernsthaftigkeit und Würde bis auf Jom Kippur alle Feste von *Fröhlichkeit* gekennzeichnet, denn es geht grundsätzlich um Hoffnung, Vergebung, Errettung, Wiederherstellung, Erneuerung – es geht um *Gottes Heilsplan* für uns Menschen, ohne den wir keine Chance hätten; es geht um den *Messias,* der das alles be- und erwirkt! Sind das nicht lauter gute Gründe zur Freude?!!

Was war ich erstaunt, als ich das erste Mal an einer Sederfeier teilnahm – dem großen Festmahl am Vorabend zu Pessach, das auch Jeschua mit Seinen Jüngern vor Seiner Kreuzigung feierte. Hier setzte Er während der symbolischen Speisenfolge, bei der man der Befreiung aus Ägypten gedenkt, den neuen Bund ein. Ersatztheologisch wurde daraus eine 'Abendmahlsfeier' erschaffen, die es in der uns heute bekannten Form jedoch nicht gegeben hat. Das Opferlamm vom ersten Pessach beim Auszug aus Ägypten traf hier mit dem wahren Opferlamm, Jeschua, zusammen! Die Befreiung Israels wurde hier zur Befreiung der gesamten Menschheit! (Die Sederfeier, detaillierter ab Seite 104).

Man feiert an einer großen Festtafel, singt, betet, und innerhalb des Rituals aus bestimmten Speisen und Wein gibt es das große Festessen, das gleichzeitig auf das *Hochzeitsmahl des Lammes* (Offenbarung 19,9) hindeutet! Beides, die Befreiung des Gottesvolkes aus der Sklaverei in Ägypten, wie auch die Errettung der *gesamten* Menschheit aus ihrer Gebundenheit an die Welt bedingt durch die Trennung von Gott, gibt guten Grund zu ausgelassener Fröhlichkeit! Und diese Feier wurde uns bald 17 Jahrhunderte lang vorenthalten...

In Hoschea/Hosea 4,6 sagt Gott, dass Sein Volk aus Mangel an Erkenntnis, also an Wissen, in die Irre läuft (*umkommt,* wie es auch übersetzt wird). Obwohl manche Leute meinen, bibeltreue Gläubige seien weltfremd, unwissend und einfältig – das genaue Gegenteil ist der Fall: Gott *will*, *dass* wir uns Wissen aneignen, eben *damit* wir *nicht* in die Irre laufen! Und so kommt hier die demütige Erkenntnis zum Tragen, dass das *menschliche, intellektuelle* Wissen bei Weitem nicht immer das Nonplusultra ist. Gott ist schlauer als wir, lernen wir doch von Ihm! Wir sollen unseren Verstand nicht an der Garderobe abgeben, hörte ich oft humorvoll!

Ich denke, es ist äußerst wichtig, unsere Kirchengeschichte *im Licht der Bibel* zu betrachten und christliche Traditionen nicht einfach zu übernehmen oder mit ihnen fortzufahren, nur weil wir damit aufgewachsen sind und oft so schöne Erinnerungen mit ihnen verbinden. Nichts gegen Traditionen, doch wenn sie *über* ihrer Bedeutung stehen bzw. aus einem falschen Bibelverständnis heraus entstanden sind, dann wird es gefährlich.

Mittlerweile feiere ich persönlich Weihnachten, Ostern und Pfingsten gar nicht mehr, sondern stattdessen die *biblischen* Feste, auch den Schabbat, so wie sie von Gott im schon erwähnten 3. Mose 23 vorgegeben sind – jeweils auf der Grundlage, dass durch *Jeschua* bereits *alles erfüllt ist*, in der freudigen Erwartung Seiner baldigen Wiederkehr, nach der sich mein ganzes Inneres inzwischen immer mehr sehnt! *Das* ist es, was ich feiere!

Es macht für mich viel mehr Sinn, als 'nur' die *Geburt* Jesu zu feiern – "alle Jahre wieder", und letzten Endes immer *dabei* stehenzubleiben: beim niedlichen Christkind in der Krippe, über das so viele Menschen nicht hinauskommen... Doch vergessen wir nicht, dass eben dieses Kind, Jeschua, heranwuchs und *freiwillig* den *Opfertod* für uns starb, womit Er zu *unser aller Retter* wurde! Das ist nicht 'niedlich', sondern einfach nur Ehrfurcht gebietend und großartig, es lässt mich erstummen vor so viel Liebe!

Alles, was auf dieses wunderbare Ereignis Seines ersten Kommens hinführte und was uns an Wunderbarem bei Seiner Wiederkunft noch erwartet – all das wird in den *biblischen* Festen so herrlich ausgedrückt, wie kein menschgemachtes Fest es könnte! Kein Wunder, wurden sie doch von Gott selbst ins Leben gerufen! Ab dem Jahr 2008 habe ich sie, angefangen mit Jom Kippur, erstmals gefeiert. Dabei wurde ich unendlich gesegnet und bekam eine riesige Vorfreude auf die nächsten Feste! *Biblische* Traditionen – alles wurde *lebendig* und mir wurde eine Nähe zu Jeschua geschenkt, wie ich es mir nie hätte vorstellen können!

Die Pessachfeier: mal ehrwürdig im Gebet, anbetend und fröhlich im Lobpreis, ausgelassen beim Festmahl – das richtige Leben eben! Alles darf in Dankbarkeit genossen werden! Und bei all dem die Vorfreude auf Jeschuas Wiederkehr, bei der alles um ein Vielfaches grandioser sein wird, als wir es bei diesen wunderbaren Festen schon jetzt andeutungsweise erleben dürfen!

Auswirkungen der unseligen Ersatztheologie

In diesem Kapitel komme ich nicht umhin, einige ziemlich unangenehme Fakten anzusprechen. Als ich erstmalig von ihnen erfuhr, war ich wie vor den Kopf gestoßen. Doch es nützt nichts, die Augen vor unangenehmen Dingen zu verschließen – es macht sie nicht ungeschehen.

Im vorhin genannten nizänischen Konzil entstand das bis heute von vielen Denominationen gebetete "Nizänische Glaubensbekenntnis", das schon zu der Zeit ausschließlich 'christlich' war. Es benennt nicht den *Gott Abrahams, Isaaks und Jakobs,* der sich selbst in 2. Mose 3,15 und anderen Stellen als *JHWH (Jahweh)* vorgestellt hat (Elbf., EÜ, NeÜ): "Und Gott sprach weiter zu Mose: So sollst du zu den Söhnen Israel sagen: *Jahwe*[1], der Gott eurer Väter, der *Gott Abrahams, der Gott Isaaks und der Gott Jakobs,* hat mich zu euch gesandt. *Das ist mein Name in Ewigkeit,* und das ist meine Benennung von Generation zu Generation" – also für immer und ewig! Er ist der *Gott Abrahams, Isaaks und Jakobs,* und *Jahweh* ist Sein Name: der Gott Israels – der Gott, an den Christen glauben, doch meist ohne sich des Hintergrunds bewusst zu sein, denn der wird ersatztheologisch nur mit dem ersten Bund und dem Judentum in Verbindung gebracht. Als ob der erneuerte Bund einen anderen Gott hätte...

Kein messianisch-jüdischer Gelehrter war auf diesem Konzil anwesend. Konstantin hatte ganz bewusst entschieden, *alle* Verbindungen zu den Juden abzubrechen. Er rief die am Konzil betei-

---

[1] *In der hebräischen Bibel steht hier das Tetragramm* יהוה, *JHWH, doch gelesen wird aus Respekt vor Gottes Heiligkeit* **Adonai** *("Herr"),* **HaSchem** *("der Name"). Im Deutschen steht meist HERR: "HERR, das ist mein Name" (Jesaja 42,8). Doch Herr ist ein* Titel *und* kein *Name! Luther hatte dies aus der jüdischen* Tradition *einfach übernommen, was bis heute fortgeführt wird.*

ligten Bischöfe auf: "Wir wünschen keine Gemeinsamkeiten mit diesem verhassten Volk zu haben, denn der Erlöser hat uns einen anderen Weg gezeigt" (Eusebius, Pamphilus, Ecclesiatical History, Baker, Michigan 1991).

Also in meiner Bibel finde ich diese Aussage *nicht* bestätigt – im Gegenteil: eindeutig erklärte Paulus den Römern: "Denn ich schäme mich nicht für die gute Botschaft von Christus. Diese Botschaft ist die Kraft Gottes, die *jeden* rettet, der glaubt – *die Juden zuerst,* aber *auch alle anderen* Menschen" (Römer 1,16; NL).

Ich habe viele evangelistische Predigten zu diesem Vers gehört, meist jedoch ohne den letzten Teil "den Juden zuerst" – der wird oft einfach unter den Tisch fallen gelassen... Das ist eindeutig ein ersatztheologischer Umgang mit dem Wort Gottes. Was nicht gelehrt wird, kann auch nicht ins Herz der Zuhörer fallen und wird dementsprechend mit weiteren Fehlern weitergelehrt.

Die Kirche hatte ihre Wurzeln verlassen. Der Antisemitismus verschärfte sich dramatisch und so konnte wenige Jahre nach diesem Konzil einer der sogenannten Kirchenväter, Johannes Chrysostomos (347-407), behaupten: "Wie können es die Christen wagen, mit den Juden, den elendsten aller Menschen, die... wollüstige, räuberische, habgierige, heimtückische Verbrecher sind, auch nur den geringsten Umgang zu haben? Sind sie nicht eingefleischte Mörder, Zerstörer, vom Teufel besessene Menschen, die aufgrund von (so wörtlich!) Ausschweifung und Trunkenheit die Natur von Schweinen und geilen Böcken angenommen haben? Gott hasst die Juden und hat sie schon immer gehasst. Und ich hasse die Juden ebenso" (Flannery, Edward H.: The Anguish of the Jews; Macmillan, New York 1965).

Ich kann diese Worte gar nicht fassen, kann sie nicht laut lesen, so sehr drehen sie mir den Magen um...

In späteren Konzilien wurde den Juden verboten, an christlichen Feiertagen auf die Straße zu gehen, "da ihre Gegenwart eine besondere Beleidigung für die Christenheit bedeuten würde"

(Baron, David: The Shepherd of Israel; Morgan & Scott, London 1915). Ist eine ähnlich erschreckende Haltung den Juden gegenüber heute nicht wieder ganz konkret zu erkennen? Eine besondere Qual waren für sie damals die Zwangstaufen, bei denen ihnen oft sogar die Kinder entrissen, getauft und christlichen Familien übergeben wurden. In den folgenden Jahrhunderten litten sie unter Berufsverboten und anderen Repressalien, sie wurden in Ghettos gepfercht bzw. vertrieben. Pogrome häuften sich, in denen Zigtausende Juden zum Teil bestialisch ermordet wurden, u.a. während der (spanischen) Inquisition und in Osteuropa. Jahre später gipfelte diese ewige Verfolgung in der größten aller Abscheulichkeiten – in der Schoah, dem Holocaust, dem sechs Millionen Juden zum Opfer fielen... Und das vielfach von Menschen, die damit prahlten, dem Gott der Bibel zu dienen...

Bereits in den ersten Jahrhunderten unserer Zeitrechnung hatte sich die unheilvolle *Ersatztheologie* entwickelt, die besagt, dass *'die Kirche'* Israel als Gottes erwähltes Volk angeblich *'ersetzt'* habe, weil *'die'* Juden den Messias getötet hätten. Daher sei jetzt *'die Kirche'* das *'geistliche'* Israel und alle *Israel* verheißenen Segnungen seien nun auf die Kirche übergegangen. Die Flüche würden natürlich weiterhin den Juden gelten...

Es traf mich wie ein Schlag, als ich das zum ersten Mal hörte... Was für eine armselige, menschenverachtende, gottlose Vermessenheit und Niedertracht! Ein Schlag nicht nur in das Angesicht des Volkes Israel, sondern in das Angesicht Gottes selbst!

So wurden Christen, und folglich die gesamte Welt, in den darauffolgenden Jahrhunderten bis heute falsch gelehrt und betrogen, was furchtbarste Auswirkungen für viele bedeutete.

Machen wir uns nichts vor: als Christen, gleich welcher Denomination oder Tradition, wurden *wir alle* von dieser Lehre geprägt. Denn letztendlich stammen *wir alle* von derselben Kirche jener frühen Tage ab! Was man dort lehrte, wurde der jeweils nächsten Generation weitergegeben, oftmals mit noch weiteren

'Nachbesserungen'. Trotz Trennung und Spaltung, wegen vielleicht sogar guter Erkenntnisse, bleibt dennoch viel Ersatztheologisches erhalten, wenn man nicht zum wahren Wort Gottes zurückkehrt – im Gegenteil: man entfernt sich immer weiter...

Nicht nur in der biblischen Tradition, sogar in der Bibel selbst findet man Ersatztheologisches: kaum erkennbare, fehlerhafte Übersetzungen/Übertragungen, die u.a. wichtige Namen betreffen. Denke an *Maria:* ihr Name wird für selbstverständlich gehalten. Wer weiß schon, dass sie im hebräischen Original *Mirjam,* מרים heißt? Da stellt sich die Frage, warum der Name *Mirjam* bei *Moses Schwester* beibehalten wurde. Das ist nicht konsequent!

Maria Magdalena heißt im Original *Mirjam haMigdalit,* מרים המגדלית: Mirjam, die Migdalerin (sie kam aus Migdal; Deutsch: *Magdala*). Matthäus heißt *Matitjahu,* מתיתיהו. Simon Petrus *Shim'on Kefa,* שימעון כיפא. Johannes *Jochanan,* יוחנן. Jesaja *Jeschajahu,* ישעיהו. Jeremia *Jirmejahu,* ירמיהו. *Ja'akov* wurde zu Jakobus. Secharja bekam sogar drei Formen: *Sacharja, Zacharias* und *Zachäus.* Der Ort *Beit-El,* בית אל, wurde zu Bethel ("Haus Gottes").

Ich könnte diese Änderungen nachvollziehen, kämen die Namen Zungenbrechern gleich. Zwar mögen die biblischen Namen anfänglich etwas ungewohnt klingen, doch sind sie im Deutschen kein Problem auszusprechen. Warum also wurden diese und andere Namen *christianisiert?* In der griechisch-lateinischen Form klingen sie zumindest nicht jüdisch...

Hier wie anderswo hat Satan in seinem Hass Gott gegenüber (weil er wie Er sein wollte, was ihm jedoch nicht gelang...) 'gute' Arbeit geleistet: wie Köder legte er vergiftetes Gedankengut aus und der Mensch griff zu, wie bei einem Leckerbissen. Bis heute ist das seine Taktik: spricht man nah an Gott heranführende Themen an, wie etwa den Heiligen Geist oder eben die hebräischen Glaubenswurzeln, dann hat das oft Streit zur Folge. (Ersatz-)Theologisches wird mehr beachtet als das Wort Gottes. Wachen wir doch endlich auf, noch ist es nicht zu spät! Doch die Zeit drängt...

Diese Erkenntnis will natürlich erst einmal verdaut werden. Ich kann es nachvollziehen, wenn sie manchen Menschen den Boden unter den Füßen wegzieht und ihnen so sehr zusetzt, dass sie nicht weiter darüber nachdenken wollen bzw. die Rebellion in ihnen ausbricht. Doch ändert das nichts an den Tatsachen...

Lass uns nicht bei der schmerzhaften Erkenntnis stehenbleiben, damit wäre niemandem gedient. Sondern lass uns *jetzt*, besser spät als nie, nach der Wahrheit forschen – noch ist sie *jedem* zugänglich! Einmal durch das *eigene* aufmerksame Studium der Bibel und die Aneignung von Hintergrundwissen, begleitet von aufrichtigem Gebet um Erkenntnis. Es ist der *Ruach haKodesh*, der Heilige Geist, der in alle Wahrheit führt (Johannes 14,15-17).

Doch müssen wir uns klarmachen, dass jahrhundertelange, falsche Lehren sich meist hartnäckig halten. Daher kommt es unter Christen leider oft zu deftigen Streitereien, wenn man erzählt, dass man nun den Schabbat und die biblischen Feste hält. Man wird als *gesetzlich*, sogar als *Sektierer* abgetan und gefragt, ob man nun zum Judentum übergetreten sei. Gelegentlich wird man sogar mit dem Urteil, aus der Gnade gefallen zu sein, belegt. Es kann einem ein recht starker Wind entgegenwehen. Falsche Stimmen legen sich über die Stimme des Heiligen Geistes.

Daher ist das *Hören* so wichtig: "So kommt also Vertrauen (Glauben) aus dem Gehörten (Predigt, Vortrag, Gespräch), das Gehörte kommt durch ein Wort, das über den Messias verkündet wird", erklärt Paulus den Römern (10,17; DHS). Im Internet gibt es viele Links zu guten messianischen Diensten mit exzellenten Lehrartikeln und -videos von langjährigen Bibellehrern (inzwischen vermehrt auch auf Deutsch). Es sind messianische Bibellehrer mit *jüdischem* Hintergrund und andere mit *heidenchristlichem* Hintergrund. So wird die Thematik aus allen möglichen Blickwinkeln beleuchtet. Am besten immer unter Gebet hören bzw. lesen!

Das sogenannte *dunkle* Mittelalter, das durch die unseligen Kreuzzüge und die nicht minder unheilvolle Inquisition gekennzeichnet war, konnte durch diese Irrlehre überhaupt erst entstehen. Auch die vielen Trennungen und Spaltungen innerhalb der weltweiten christlichen Gemeinde sind auf diese Weise zu erklären: wegen der verwässerten Lehre einerseits und der Vernachlässigung des Heiligen Geistes andererseits, gab es keine in den Fundamenten der Torah bzw. des Tenach wurzelnde Lehre mehr. Daher gab es auch keine Einheit, wie Paulus es den Ephesern nahegelegt hatte: "Bemüht euch darum, die Einheit zu bewahren, die der *Geist Gottes* euch geschenkt *hat*" (4,3; GNB).

Selbst Martin Luther, der ja die biblische Wahrheit kannte und das geheuchelte Verhalten seiner damaligen Kirche aufdeckte, woraufhin er schließlich die Bibel übersetzte, damit endlich *alle* Menschen Zugang zu Gottes Wort hätten – sogar er war dermaßen von jener Ersatztheologie beeinflusst gewesen, dass er noch nicht einmal auf die Idee kam, sie zu hinterfragen... Wie selbstverständlich führte er dieses katastrophale Denken fort. Er gilt als der "größte Antisemit seiner Zeit". In seinem Buch "Von den Juden und ihren Lügen" (Jena 1543) verunglimpft er das Volk Gottes auf vielfältige Art. So z.B. schreibt er: "Man sollte ihre Synagogen und Schulen mit Feuer anstecken, ... ihre Häuser desgleichen zerbrechen und zerstören" (Seite 88ff). Klingt das nicht bekannt?

Im Nationalsozialismus beriefen sich verschiedene Persönlichkeiten aus kirchlichen Kreisen auf Luthers antisemitische Haltung, um Hitlers Vorgehen zu bekräftigen. Hitler selbst nannte ihn "das größte deutsche Genie". Und so brannten in der Nacht zum 10. November 1938, Luthers Geburtstag, wie zu seinen Ehren, die Synagogen in Deutschland: die sogenannte *Reichskristallnacht* – als Auftakt zum Holocaust...

Eine unbequeme Tatsache, die bis heute gern an den Rand gedrängt wird. Spricht man sie an, ist Empörung und sogar Streit die häufige Reaktion. Als ich vor ein paar Jahren erstmalig davon erfuhr, verschlug es mir die Sprache; ich konnte es einfach nicht fassen und schob das Thema erst einmal beiseite.

Doch lange ließ sich die Verdrängung nicht aufrechterhalten. Das Thema lief mir immer wieder über den Weg, bis ich einer Auseinandersetzung mit ihm nicht mehr ausweichen *konnte*.

Es ist nicht verwunderlich, dass Christen aus allen möglichen Denominationen auch heute noch oft (unbewusst, weil aus Unkenntnis) von dieser verhängnisvollen Lehre beeinflusst sind. Das geht über die Ablehnung, Juden von der guten Nachricht zu erzählen (die sogenannte *Judenmission*; ein furchtbares Wort – am Besten gleich abgewöhnen!), über das Festhalten an sogenannt *christlichen* Traditionen, *obwohl* sie jeglicher biblischer Grundlagen entbehren, über ersatztheologische Diskrepanzen bis hin zur versteckten oder ganz offenen Ablehnung von Juden und Israel als Nation.

Ist das nicht entsetzlich und daher verständlich, wenn nach *diesen* jahrhundertelangen Vorgaben von in Verantwortung stehenden 'Christen' die Juden große Probleme mit dem Christentum hatten und zum Teil immer noch haben? Das Bild des Kreuzes wurde für viele von ihnen zu einem Symbol der Angst – die hingebungsvolle, rettende Liebe des Messias' ließ sich für sie nicht darin erkennen, wurden ihnen diese Gräueltaten doch angetan, weil es angeblich 'Gottes Wille' gewesen sei...

Ich bitte jeden Leser *eindringlich*, intensiv **Römer 9-11** zu lesen! Es sind diejenigen Kapitel, über die aus naheliegenden Gründen nicht besonders oft gepredigt wird – *ganz klar* sprechen sie von unseren *hebräisch-jüdischen Glaubenswurzeln!* In Kapitel 11 richtet Paulus sich speziell an die Nichtjuden der römischen Gemeinde und spricht vom *eindeutigen* Fortbestehen Israels als Gottes erwähltes Volk. Er erklärt das Eingepfropftsein und macht deutlich, dass *Stolz* vonseiten der Heidenchristen zum Wieder-*Aus*pfropfen führen kann. Die Gefahr war also bereits 22, 23 Jahre nach Jeschuas Auferstehung abzusehen, sonst hätte Paulus sicher nicht solch eindringliche Worte gebraucht!

Dieses Thema ist immens wichtig, denn das entgegengesetzte Verhalten *trotz* seiner eindeutigen Worte hat ja zu dieser unseligen Ersatztheologie geführt, von der wir bis heute vielfach geprägt sind. Auch wurde dadurch der Spielraum für alle möglichen Einflüsse wie Doktrinen, Esoterik, Sekten, Privatmeinungen mit der Zeit immer größer. All das hatte letztendlich zur Folge, dass der gesamten Welt ein entstelltes Bild des biblisch-messianischen Glaubens vermittelt wurde und oft immer noch wird.

Zum Nachdenken: das im Deutschen gebrauchte Fremdwort *christlich* leitet sich vom griechischen χριστιανικός, *christianikós*, her und das kommt wiederum vom hebräischen *meschichi*, משיחי (*messianisch,* eingedeutscht). Leider wird dieses Detail nicht bedacht, weil das neue Testament meist nur mit der *griechischen* Sprache in Verbindung gebracht wird. Selten bedenkt man die *hebräische Basis* der Texte, noch die der Sprache des Bundesvolkes bzw. dessen Denk- und Lebensweise. Das erschwert das Gesamtverständnis. Es scheint, als ginge man davon aus, *christlich* sei etwas anderes als *messianisch* – beide Worte werden scheinbar unterschiedlich betrachtet. Doch in *beiden* Fällen ist die Wortbedeutung *"gesalbt"*. So ist das deutsche Wort nichts anderes, als die auf griechisch-ersatztheologischen Umwegen übertragene Bedeutung des *hebräischen* Wortes!

Und so gibt es leider *doch* Unterschiede, wenn auch aufgrund der Ersatztheologie nur von Menschen fabrizierte, wie wir ja bereits sahen. Die Abkehr von den hebräischen Wurzeln hat so ziemlich alles verfremdet. Daher wäre es wirklich von Vorteil, sich mit dem *hebräischen Fundament des christlichen Glaubens* wieder vertraut zu machen und in aller Demut zu ihm zurückzukehren – wie der verlorene Sohn (Lukas 15,11-32)!

Ich kannte den *verlorenen Sohn* früher nur aus evangelistischer Sicht und fragte mich oft, wie es angehen kann, dass ich zu Gott *'zurückkehre'*, obwohl ich *vor* meiner Bekehrung doch nie bei Ihm gewesen war. Bis ich vor nicht allzu langer Zeit eine Predigt darüber hörte, in der es darum ging, dass der verlorene Sohn eigentlich *Ephraim* (das Nordreich) darstellt... Das macht Sinn!

Definitionen

Im Verlauf der Lektüre ist sicher deutlich geworden, dass ich zwischen *"Christentum"* und *"Glauben"* unterscheide. Das *Christentum* ist eine Religion – eher ein ideologisch-religiöses Konstrukt, und bezieht sich, wie andere Religionen auch, auf eine Allgemeinheit. Dabei ist es *keine Selbstverständlichkeit*, dass auch jeder Einzelne eine *persönliche* Beziehung zu Christus, zum Messias, hat. Religion ist gekennzeichnet durch Dogmen, Werke, um sich selbst drehende Tradition, die Erfüllung von Riten und Bräuchen.

Der *Glaube* an Jeschua hingegen hat mit Religion gar nichts zu tun, denn er drückt das *persönliche, lebendige Vertrauen* des Einzelnen aus. Es geht um die *persönliche Beziehung* zum **Sohn Gottes** – immerhin hat *Er* für jeden Einzelnen von uns dieses Erlösung bringende Opfer gebracht, das Gott umgehend nach der Sünde des ersten Menschen angekündigt hatte (1. Mose 3,15)!

Von ihrer Basis her ist Sünde ein *Zustand,* der die *Trennung von Gott* beschreibt. Die sündige *Tat* dagegen ist *Ausdruck* dieses Zustandes, eine Art *Zielverfehlung.* Die Torah zeigt in ihrem Verlauf, wie es dazu gekommen war, was Sünde überhaupt ist und was Gott in Seiner liebenden Gnade und Barmherzigkeit tat, um die *tödliche Konsequenz* dieser Sünde von uns Menschen abzuwenden. Sie zeigt, was nötig war, damit *die Erlösung,* הישועה = haJeschuáh (!) zu uns kommen konnte. Sie lehrt, wie wir uns innerhalb dieser Gnade bewegen können, um in dieser sündendurchtränkten Welt dennoch ein erlöstes Leben führen zu können und bei Jeschuas Rückkehr mit Ihm vereint zu werden.

Das *Christentum* ist eine *Religion* mit vielen menschgemachten Dogmen. Religion ist nichts anderes, als *Ausdruck der Suche des Menschen nach Gott* und drückt den einzelnen Gesellschaften ihren Stempel auf. Oft ist das *Christsein* nur ein Lippenbekenntnis, falls überhaupt.

"Ich bin doch getauft," argumentieren viele und meinen, dies allein mache sie zu Christen. Es reiche vollkommen, sie bräuchten sich nicht weiter darum zu bemühen – das Resultat einer unbiblischen Babytaufe, die durch das Sammelsurium verschiedenster Dogmen ermöglicht wurde.

Andere gehen aus Tradition in die verschiedenen Gottesdienste, glauben aber nicht immer, was sie da hören. Kürzlich las ich in *"idea"*, dass 64% aller *Kirchgänger* (!) in Deutschland nicht an das Leben nach dem Tod glauben... unfassbar! Wieso vergeuden diese Menschen dann noch ihre Zeit an einem Ort, an dem es genau *darum* geht: um das ewige Leben im Reich Gottes? Unser allmächtiger *Gott* wird mit einer fehlbaren *Kirche* gleichgesetzt...

Doch wird dieser entscheidende Unterschied von Außenstehenden, leider oft auch von Traditionschristen, kaum erkannt. Das ist der Grund, warum gläubige Christen pauschal bis heute die *Verfehlungen der Kirche* vorgeworfen bekommen, warum *Gott* letztendlich für die Fehler *Einzelner* verantwortlich gemacht wird und warum so viele Juden einen regelrechten Hass auf das Christentum empfinden. "Jesus ist der Gott der Christen, aber nicht unsere", argumentieren sie. Doch wenn sie bei der, oft heimlichen, Lektüre des erneuerten Bundes im ersten Matthäuskapitel Seinen *jüdischen* Stammbaum entdecken, dann kommen sie aus dem Staunen oft gar nicht mehr heraus! Wenn sie dann im weiteren Verlauf der guten Nachricht, *haBesora*, הבשורה, auch noch eine komplett *jüdische* Geschichte vorfinden, dann erkennen viele Juden in Jeschua *ihren* persönlichen Maschiach.

Um nicht noch mehr Salz in die Wunde zu streuen, bin ich mit dem Begriff *Christ* inzwischen vorsichtig geworden. Er assoziiert zu sehr mit Ersatztheologie und Antisemitismus und hinterlässt bei vielen Menschen einen bitteren Beigeschmack. Auch mir fällt es nach all diesen Erkenntnissen schwer, mich weiterhin "Christ" zu nennen. Ich bezeichne mich heute lieber als *bibelgläubig* bzw. als *messianische Nichtjüdin*.

Lass uns in Demut Gott und den Juden gegenüber herausfinden, wo wir stehen – jeder ganz persönlich für sich selbst. Lass uns erkennen, wo noch Stolz in uns steckt und ihn ans Kreuz bringen! Und dann lass uns auf Gott selbst hören: "Das Heil kommt von den Juden," sagt Jeschua ganz eindeutig (Johannes 4, 22)! Es kommt also weder aus Rom noch sonst woher, denn "die Lehre des Herrn kommt aus Zion" und "Sein Wort aus Jerusalem" (Jesaja 2,3)!

Weil sich das Christentum von seinen jüdischen Wurzeln getrennt hatte, war es nun ein nur kurzer Schritt zum *christlichen Antisemitismus,* und das Grauen den Juden gegenüber konnte sich weiterentwickeln, was sie natürlich in ihrer Ablehnungshaltung dem Christentum gegenüber nur bekräftigte. In der Konsequenz ist das auch der Grund, warum viele Juden, die Jeschua als ihren persönlichen Maschiach erkennen, sich oft keiner messianischen Synagogengemeinde und erstrecht keiner "christlichen Kirche" anschließen, sondern lieber unter sich bleiben. Das Misstrauen scheint ihnen regelrecht in die Gene übergegangen zu sein...

Göttliche Aussichten!

Doch gelobt sei Gott – das ist nicht überall so und gerade in unserer gegenwärtigen Zeit öffnet der Herr immer mehr Menschen *weltweit* die Augen! So erkennen einerseits immer mehr Juden in *Jeschua* ihren persönlichen Maschiach und andererseits finden immer mehr Christen zu ihren *hebräisch-jüdischen Glaubenswurzeln* zurück! Viele Gemeinden sind weltweit bereits entstanden bzw. sind am Entstehen, in denen *beide*, also messianische Juden wie Nichtjuden, in Einheit *gemeinsam* Gott feiern – auf ganz biblische Weise: mit dem Wort Gottes, Anbetung, fröhlichem Gesang, Bannern, Tänzen, Gebet, Liturgie! Selten habe ich Gottesdienste und Gottes Gegenwart so intensiv und fröhlich erlebt! Sogar ganze Gemeinden finden immer häufiger zu ihren biblisch-hebräischen Glaubenswurzeln zurück! Der "eine neue Mensch" (Epheser 2,14) wird immer erkennbarer!

Daher ist es nicht verwunderlich, wenn die messianische Bewegung (so der offizielle Name) auf den ersten Blick recht *'jung'* erscheint. Mehrmals begegnete mir die Kritik: "Ach, schon wieder so eine neumodische Erscheinung!" Doch tatsächlich ist diese Bewegung bereits 2000 Jahre alt! Sie begann sich zu formieren, als damals in Jerusalem die ersten Juden an Jeschua gläubig wurden. Später kamen Gläubige aus den Nationen hinzu.

An dieser Stelle möchte ich gern noch einmal das vorhin erwähnte Lied *"Jew and Gentile"* (Seite 32) in Erinnerung rufen, in dem es um die Liebe Jeschuas geht, die uns verbindet. Daher auch die Bitte an den Vater, uns in der gegenseitigen Vergebung und Annahme zu helfen, damit sich dieser Vereinigungsprozess beschleunigen kann, was wiederum viele Ungläubige zum Glauben bringt. Ludwig Schneider, Gründer des in Jerusalem ansässigen, deutschsprachigen Nachrichtenmagazins *Israel Heute*, sagte dazu einmal, dass sich hier der Kreis der Heilsgeschichte schließe. Tja und ich denke, das bedeutet, dass Jeschua wirklich nicht mehr lange auf sich warten lässt – Vieles deutet immer eindringlicher darauf hin!

Lass uns doch unser jüdisches Erbe wieder neu ergreifen! Das *jüdische Israel* ist das Zünglein an der Waage der Weltgeschichte! Das beinhaltet Volk, Nation und Land. Gemäß Micha 4,7, Römer 11,26, Hesekiel 37, Sacharja 12-14 und anderen Stellen wird *ganz* Israel gerettet werden. Jeschua wird <u>nicht</u> wie bei Seinem ersten Kommen als demütiges *Opferlamm*, sondern als starker **Löwe von Juda** (Offenbarung 5,5) zurückkehren und als souveräner **König der Könige** und **Herr der Herren** (1. Timotheus 6,15 und Offenbarung 19,16) von Zion, also von *Jerusalem* aus die Welt regieren! Auf dem Ölberg wird Er wieder erscheinen (Sacharja 14,4)!

Die Weltpolitik kommt an Gott und Seinem Wort nicht vorbei, auch wenn sie es manchmal wohl gern hätte... Die Staatsgründung Israels im Jahr 1948 und alle seither in dem Zusammenhang auftretenden politischen Situationen sind in den biblischen Endzeitprophetien vorhergesagt. Wer die (internationalen) Tagesereignisse aufmerksam beobachtet und sie mit den biblischen Vorhersagen (Matthäus 24, Lukas 21, Offenbarung und Propheten) vergleicht, wird feststellen, dass die gesamte Menschheitsentwicklung seit ihrem Beginn auf die, vom heutigen Standpunkt aus gesehene, baldige Rückkehr unseres *jüdischen Messias Jeschua* hinführt!

"Ja, es wird geschehen am Ende der Tage, da wird der Berg des Hauses JHWHs (Tempelberg) festgegründet stehen an der Spitze der Berge, und er wird erhaben sein über alle Höhen, und alle Heiden werden zu ihm strömen. Und viele Völker werden hingehen und sagen: 'Kommt, lasst uns hinaufziehen zum Berg JHWHs, zum Haus des Gottes Jakobs (ganz Israel), damit er uns belehre über seine Wege und wir auf seinen Pfaden wandeln!' Denn von Zion wird das Gesetz ausgehen und das Wort JHWHs von Jerusalem ... Komm, o Haus Jakobs, und lasst uns wandeln im Licht JHWHs!" --- Jesaja 2,2-3.5; Sch2000

Das ursprüngliche Symbol der Christen

In den ersten Jahrhunderten war das Zeichen der an Jeschua gläubigen Menschen der *Fisch*. Das Kreuz wurde erst im Jahr 431 offiziell als christliches Symbol eingeführt (Wikipedia).

Dieses aus dem späten ersten Jahrhundert stammende Tongefäß (rechts) wurde in den 1960er Jahren auf dem Berg Zion gefunden. Bei genauem Hinsehen erkennt man die Abbildung eines mit einer jüdischen Menorah (siebenarmiger Leuchter) ineinander verbundenen christlichen Fisches, wodurch sie *gemeinsam* den *Davidstern* bilden, so wie in der Abbildung links – das sogenannte *Urchristenzeichen!* Auf Hebräisch heißt der Davidstern *Magen David,*

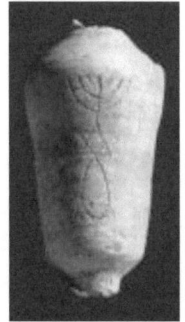

(Bild: Israel heute)

מגן דוד (beide Worte jeweils auf der *letzten* Silbe betont): *Schild Davids* (Psalm 18,3). "Die Wurzel Davids" (Jesaja 11,10; Römer 15,12; Offenbarung 22, 16): das ist Jeschua!

In Epheser 2,14 lesen wir: "Durch Christus haben wir Frieden. *Er hat <u>Juden und Nichtjuden</u> in seiner Gemeinde <u>vereint</u>* und die Mauer zwischen ihnen niedergerissen" (Hfa): *der eine neue Mensch!* So zeigt dieser Fund eindeutig, dass man sich damals bewusst war, wie sehr *haDerech*, der Weg, der zum christlichen Glauben verändert wurde, im Judentum verwurzelt ist!

Treibende Wurzeln

Ich bin in Deutschland geboren und wie viele andere meiner Generation in der christlichen Tradition groß geworden. Wenn zunächst auch ohne persönliche Beziehung zu Jesus (die kam erst später), so hatte ich während vieler Jahre in den Traditionsgottesdiensten dennoch einiges gehört, was an verschiedenen Punkten grundlegende Fragen in mir aufwarf.

Durch meine Familie war ich landeskirchlich geprägt. Doch da ich glaubensmäßig damals kaum herausgefordert wurde, wechselte ich mit 14 Jahren durch eine befreundete Jugendgruppe in die örtliche, römisch-katholische Gemeinde. Dort ging es religiöser zu, was mich sehr anzog, denn ich war auf der Suche nach Gott. So wurde auch ich religiös und war dort viele Jahre aktiv. Ich dachte, durch das Halten kirchlicher Vorschriften hätte ich nun Gottes Wohlwollen erlangt. Irgendwann hörte ich, dass Weihnachten heidnische Wurzeln habe; jedoch würde man nun der Geburt Jesu gedenken. Zwar machte ich mir keine weiteren Gedanken darüber, dennoch hinterließ es ein unangenehmes Gefühl in mir, das immer wieder auftauchte, bis ich Jahre später von unseren hebräischen Glaubenswurzeln erfuhr.

Nachdem ich 1992 gläubig geworden war, blieben einige meiner Fragen offen. Neben den typischen Glaubensfragen waren es auch solche, die ich aufgrund von Diskrepanzen in den Auslegungen hatte, die ich hörte. Um eben diese Fragen geht es in diesem Kapitel. Es ist mein Zeugnis, wie Gott mir die Augen öffnete (an einigen Stellen sind erklärende Details angefügt). Den größeren Teil meines bisherigen Lebens war ich diesbezüglich wie verblendet...

Ab der zweiten Hälfte des Jahres 2007 begann Gott mir Schritt für Schritt meine hebräisch-jüdischen Glaubenswurzeln zu zeigen. Während einer in jeder Hinsicht bedrohlichen Krise in meinem Leben, in der alles um mich herum zusammenbrach und ich täglich zu Ihm schrie, antwortete Er – wenn auch auf ganz andere Art, als ich es erwartet hatte! Inzwischen bin ich mir sogar sicher, dass ich Ihn ohne diese Krise sehr wahrscheinlich gar nicht gehört hätte! Zu sehr wären meine Gedanken von Dingen eingenommen gewesen, die zwar schon mit Ihm zu tun hatten, jedoch eine ganz andere Thematik verfolgten, als die, die Er mir anscheinend seit langem schon nahezulegen versuchte. Das sollte ich nun in der darauffolgenden Zeit herausfinden. So wollte und konnte Er mich wohl endlich zum Zuhören bringen...

Während dieser Zeit standen mir auf einmal gewisse Situationen vor Augen, die ich in meiner Jugend und in den Folgejahren erlebt hatte, in denen es immer irgendwie um Israel und Juden ging. Keine dieser Situationen hatte etwas Außergewöhnliches an sich. Oberflächlich gesehen, waren es erst einmal nur Momente meines Lebens. Doch ergibt sich im Nachhinein betrachtet eine Art roter Faden: jede dieser Situationen hatte mich innerlich ungewöhnlich stark berührt; jedesmal wurde ich von einer tiefen Liebe durchflutet, die ich überhaupt nicht fassen konnte – bis dato hatte ich ja gar keine Anhaltspunkte gehabt.

Mir standen Ereignisse vor Augen, die ich jahrelang vergessen geglaubt hatte. Und dennoch fühlten sich diese Erinnerungen so real an, als hätte ich sie gerade frisch erlebt. Allerdings sah ich sie nun aus der Perspektive meines inzwischen vorangeschrittenen Alters mit allem Gelernten, allen angesammelten Erkenntnissen und Erfahrungen, und allmählich begann ich zu begreifen, was mich damals immer fragend gemacht hatte. In dieses Begreifen hinein war mir, als hörte ich Gott mich liebevoll, ja beinahe zärtlich fragen: "Siehst du, Mädchen? Verstehst du nun?"

Rückblick

Im Oktober 1992 hatte ich Jeschua, den ich zu der Zeit noch *Jesus* nannte, in mein Herz aufgenommen und mein inneres, rastloses Leben war beendet. Schon lange hatte ich die katholische Kirche wieder verlassen, mich der Esoterik zugewandt. Nun aber wusste ich, wohin ich gehörte! Schnell gewann ich eine innige Beziehung zu Jesus. Ich erkannte, wie lebendig Gottes Wort ist, auch wenn ich bei Weitem nicht alles verstand. Ich musste nicht mehr auf alles eine Antwort haben, denn mein Vertrauen in Ihn wuchs von Tag zu Tag, was eine ungemeine Erleichterung war. Ich erkannte, dass das Leben *mit* Jesus auf unserer Seite des Lebens ein Prozess ist und *ohne* Ausnahme *alle* Lebensbereiche betrifft.

Trotzdem hatte ich immer einen die Bibel selbst betreffenden Zweifel: warum war das Alte Testament so dick, das Neue im Vergleich so dünn, und dennoch sollte das Alte für uns heute keine Gültigkeit mehr haben? Wieso ist es dann noch *Teil* der Bibel? Und wieso wird immer noch daraus zitiert? Wieso spricht Gott oft direkt zum Volk Israel, doch Christen nehmen diese Verheißungen individuell für sich selbst in Anspruch, ohne auch nur im Geringsten an *Israel* zu denken? Heute bin ich froh, dass die Antworten, die ich bisweilen erhielt, irgendwie an mir abprallten, sie hätten mir den Weg zu den jetzigen Erkenntnissen versperrt.

Beim Lesen alttestamentlicher Texte stellten sich mir oft Fragen, die so manches Mal nicht mit dem zusammenpassten, was ich zuvor in Predigten, Vorträgen, Gesprächen und Büchern gehört bzw. gelesen hatte. Jedoch legte ich diese Fragen meist ad acta, kümmerte mich nicht weiter darum, denn ich ging davon aus, dass jene Redner bzw. Autoren schon wüssten, was sie sagten; immerhin waren es doch (oft sogar studierte) Experten... Irgendwann würde ich schon hinter das Verständnis kommen, meinte ich. Mit der Zeit merkte ich allerdings, dass ich mich innerlich wie von selbst von manchen Aussagen distanzierte, die ich lehrmäßig gehört hatte. Doch die Fragezeichen blieben...

Ich erinnere mich noch gut, wie meine Oma mir früher oft von ihrem Leben im baltischen Estland erzählt hatte. Dabei ging es unter anderem auch um Juden, die aufgrund des Geschäftes meines Urgroßvaters häufig bei denen zuhause gewesen waren. Eines Tages seien sie jedoch alle verschwunden. Leider ist meine

Oma schon vor langer Zeit verstorben, sodass ich sie nicht mehr fragen kann, wie sie sich dieses Verschwinden erklärt hatte.

Bewusst wurde mir das Ganze erst, als es im Schulunterricht um die Schoah, den Holocaust ging. Ich bekam Magenkrämpfe bei dem, was ich da hörte. In jener Zeit fuhr ich mit meiner Oma einmal in die Ferien. Im Hotel lernten wir eine nette, ältere Dame kennen, mit der wir uns viel unterhielten. Nach einer Weile zeigte sie mir eine eintätowierte Nummer auf ihrem Arm... Hier sah ich aus nächster Nähe, was bei allem Entsetzen vorher doch eher Theorie für mich gewesen war – ich war schockiert!

Meine Gefühle schwankten zwischen ohnmächtiger Wut und tiefem Mitgefühl hin und her. Doch schon bald wichen sie dem Gefühl des Hingezogenseins zu den Juden. Es steigerte sich, je mehr ich über sie hörte, sei es Aktuelles oder Geschichtliches. Ich liebte Bibelgeschichten; meine Fantasie beförderte mich jedesmal an ihre Seite. Das Musical "Anatevka" ("Fiddler on the roof") war einer meiner Lieblingsfilme, den ich oft sah und am Ende jedesmal in Tränen ausbrach, wenn Tevjes Familie und die anderen gezwungen wurden, ihr Dorf zu verlassen, weil sie als Juden dort nicht mehr erwünscht waren. Heute merke ich, wie mein Gerechtigkeitsempfinden dadurch mit geprägt wurde.

Eine Szene, die mich ganz besonders berührte, war *The Sabbath prayer* (Schabbatgebet), in der die Familie um den schön gedeckten Esstisch stand, die Mutter feierlich die Kerzen entzündete und beide Eltern dann den Familiensegen sangen. Das ging mir jedesmal derart unter die Haut, dass mir nicht nur die Tränen liefen, sondern sich alles in mir zu einer nie gekannten, schmerzvollen Sehnsucht zusammenzog. Das passierte mir jedesmal, egal wie oft ich den Film sah. Es fühlte sich wie etwas Vertrautes, doch irgendwie Verlorengegangenes an, was mich unendlich traurig stimmte und dem ich nun nachweinte...

Ein weiteres, wenn auch kleines Detail trug ebenso zu meiner immer größer werdenden Sympathie Israel gegenüber bei: meine ganze Jugend hindurch las ich mit wachsender Begeisterung immer wieder Bücher von Ephraim Kishon. In seinen satirischen Kurzgeschichten beschrieb er mit typisch jüdischem Humor den menschlichen Charakter im täglichen Leben. Auch biblische Episoden fehlten nicht. Immer wieder musste ich herzhaft lachen; es war einfach erfrischend, wie er sich immer wieder selbst auf die Schippe nahm. Alle von ihm beschriebenen Situationen, egal ob mit Freunden, in Familie oder im öffentlichen Leben, wirkten vertraut auf mich und sprachen meine Seele an.

Gegen Ende meiner Schulzeit lernte ich ein jüdisches Ehepaar kennen, mit dem mich eine zeitlang eine herzliche Freundschaft verband, obwohl sie um einiges älter als ich waren. Liebevoll nannte ich sie 'meine' Juden. Wohl ein nicht sehr geglückter Ausdruck, doch es war mir ernst damit. Sie besaßen ein spanisches Restaurant, wo ich sie oft besuchte. Ich war immens stolz darauf, gemeinsam mit ihnen gesehen zu werden: 'Die ganze Welt soll sehen, wie lieb ich sie habe', waren meine Gedanken. Ich wollte mich von allem, was mein Volk ihnen als Juden angetan hatte, distanzieren.

Gehen wir noch einmal etwas zurück in der Zeit: in jenen Jahren begann in mir eine Entwicklung, die ich erst viel später begriff. Es begann damit, dass ich mit etwa zwölf Jahren meinen Eltern verkündete, ich würde später einmal Spanisch sprechen. Mit siebzehn lernte ich eine Kolumbianerin kennen, mit der ich mich anfreundete. Es dauerte nicht lange und ich sprach tatsächlich Spanisch! Später wechselte ich auf die Fremdsprachenschule und lernte die Sprache von Grund auf. Inzwischen hatte ich weitere Latinos kennengelernt; unter anderem eine Frau aus Paraguay, die mir eine zeitlang wie eine Mutter war (meine eigene Mutter war kurz nach meiner Einschulung verstorben). So lernte ich viel über das südamerikanische Familienleben kennen und lieben.

Im ersten Jahr auf der Fremdsprachenschule machte ich Sprachferien in England. In meiner Gastfamilie lebte u.a. ein Student aus Saudi Arabien, der mir eines Tages erzählte, wie toll er Adolf Hitler fände und mich fragte, ob ich nicht stolz auf ihn wäre... Es verschlug mir die Sprache! Eine meiner Freundinnen war an einem anderen Ort auch in den Sprachferien, doch sie erlebte das genaue Gegenteil: ein englischer Besucher ihrer Gastfamilie erkundigte sich, ob meine Freundin eine Schwedin sei (sie war hochblond). Die Gastmutter verneinte und sagte, sie sei eine Deutsche. Da soll der Mann ausgerufen haben: "Oh, what a pity!" (oh wie schade). Das erschütterte mich gewaltig.

Alles Gehörte über die Schoah und nun diese beiden Vorfälle, die ich persönlich nahm, führten mit der Zeit zu Bauchweh, wenn es Filme darüber im Fernsehen gab oder sonst wie an jene entsetzlichen Ereignisse erinnert wurde. Ich sagte mir, dass ich doch niemanden umgebracht hätte. Außerdem bin ich *nach* dem Krieg geboren; ich kann folglich nichts dafür! Irgendwann muss doch mal Schluss sein mit dem ewigen Erinnern, das Leben geht doch weiter... Die typische Argumentation der Nachkriegsgeneration, der ich ja angehöre, die zeigt, dass man den Gesamtaspekt nicht begriffen hat. Ich war in die Falle der Ignoranz getappt...

Nach der Schulzeit arbeitete ich bei einer Fluggesellschaft im Stadtbüro und konnte sehr günstig fliegen. Meist flog ich in latein-amerikanische Länder, vorwiegend nach Chile, da die meisten meiner Freunde damals aus diesem Land kamen. Schon bald hatte mein Spanisch einen chilenischen Akzent. Oft glaubte man nicht, dass ich Deutsche war. Das ging mir runter wie Sahne: 'Ich geh' tatsächlich als Nicht-Deutsche durch!', freute ich mich...

Daraus machte ich mir einen Spaß, der in meiner Seele jedoch bitterernst war: alles, was mir an meiner eigenen Mentalität negativ auffiel, warf ich über Bord, behielt nur, was mir 'gut' erschien. Umgekehrt nahm ich das viele Gute an, das ich an der lateinischen Mentalität zu erkennen meinte und vermischte es mit meinem Denken. Zunächst gelang es mir auch; es machte mich mächtig stolz, von vielen Latinos als Ihresgleichen gesehen zu werden. So konnte ich mich von einem Volk abgrenzen, das sechs Millionen Juden auf dem Gewissen hatte, redete ich mir ein. Eigenarten der deutschen Mentalität führte ich darauf zurück.

Durch die vielen südamerikanischen Freunde und meine spätere Ehe mit einem Kolumbianer war ich mit der deutschen Sprache und Lebart eigentlich nur noch während der Arbeitszeit konfrontiert, ansonsten war mein Leben über zwanzig Jahre lang völlig "lateinisiert". Sogar mein Sohn sprach zuerst Spanisch, bevor er später im Kindergarten Deutsch lernte!

Allerdings sollte ich bald die Kehrseite dieser Mentalitätsvermischung erfahren: so bekam ich irgendwann jede Menge Probleme, sowohl mit Deutschen als auch mit 'meinen' Latinos. Erst Jahre später erkannte ich, dass ich einen wichtigen Teil des Lebens einfach ausgeblendet hatte: nämlich die Tatsache, dass es in *jeder* Mentalität Gutes *und* Negatives gibt; man muss lernen, damit umzugehen! Das hatte ich mir damals jedoch versagt und mir somit selbst ein erhebliches Identitätsproblem verschafft.

Gleichzeitig hatte ich damit für mich den wichtigsten Teil der jüngeren deutschen Geschichte einfach ausgeblendet und das Schweigen der Tätergeneration fortgeführt. Genau *damit* hatte ich mich mit schuldig gemacht... Aus Scham vor den Taten meiner Landsleute hatte ich all dem den Rücken gekehrt, anstatt es zu verarbeiten. Das war mir jedoch alles andere als bewusst...

Erst Jeschua konnte mir da heraushelfen und die Dinge in richtige Bahnen lenken, indem Er mir zeigte, *wer* ich *wirklich* bin: *obwohl* eine Deutsche, deren Volk zwei Drittel *Seines* Volkes ausgelöscht hatte, liebt Er mich – liebt mich so sehr, dass Er tat, was niemand sonst hätte tun können: Er opferte sich für mich, womit Er den Fluch von mir nahm, der durch den Bruch der Bundestreue auf *jedem* von uns lastet, da *jeder* von uns in die Trennung von Gott hineingeboren wird, von der aus die sündigen Taten begangen werden (Römer 8,1: "Deshalb erwartet diejenigen, die eins mit dem Messias Jeschua sind, keine Verdammnis mehr", DHS). So stellte Er meine

Gemeinschaft mit Gott wieder her (Devarim/5. Mose 21,22-23; 30,15-20; Galater 3,13). Meine Identität liegt in Ihm, Jeschua!

Zu Beginn meines Berufslebens flog ich nach Israel. Es war wie eine logische Konsequenz, sobald wie möglich die Orte zu sehen, an denen Jesus auch gewesen war! Merkwürdig nur, dass ich damals noch gar keine *persönliche* Beziehung zu Ihm hatte, ich war einfach nur Traditionschrist...

Vom ersten Tag an fühlte ich mich wohl in Israel, obwohl ich allein, ohne Reisegruppe, in einem Land war, dessen Sprache ich nicht verstand. Ich lernte sehr nette Israelis kennen, manche luden mich sogar ein. Es war ein erhebendes Gefühl, das Land meines Glaubens zu sehen; die Gewissheit zu spüren, dass alles real und lebendig war!

Thematisch liefen mir Israel und die Juden immer wieder über den Weg. Und immer diese Liebe zu ihnen...! Der damals schleichend wieder erwachte Antisemitismus ging natürlich nicht unbemerkt an mir vorbei, auch wenn ich ihn als solchen erst nicht erkannte. Als Israel 1982 den Sinai an Ägypten abtrat, empfand ich Ärger darüber, dass es soweit gekommen war und fühlte mich noch mehr zu den Juden und Israel hingezogen.

Mein Vater sagte damals etwas, woran ich seitdem immer wieder denken muss: wo immer die Juden hingehen, da blüht die Wüste – sind sie nicht mehr da, verdorrt das Land. Heute erscheint mir das beinahe schon prophetisch.

Nachdem ich gläubig geworden war, bekam das Ganze eine noch tiefere Dimension, doch konnte ich es erst nicht benennen. Ich hörte sehr gern Hintergrund liefernde Predigten und Vorträge. Je mehr ich hörte, desto interessierter wurde ich. Und zugleich stellten sich mir wieder neue Fragen...

Konkrete Führung

Gegen Ende der 1990er Jahre verdichteten sich die Dinge dann noch einmal. Immer häufiger wurde ich mit dem Thema konfrontiert, neue Blickwinkel eröffneten sich mir. Unter anderem war da der Besuch einer Gastpredigerin in meiner damaligen Gemeinde, die über Sukkot, das biblische Laubhüttenfest sprach. Ich erinnere mich noch gut an die Begeisterung, mit der sie über das Thema redete, was mich tief beeindruckte!

Das ließ mich aufhorchen, denn die biblischen Feste waren mir kaum bekannt. In den Predigten ging man sonst meist ohne nähere Erklärungen über sie hinweg. Da ich zu der Zeit jedoch noch zu weit vom Thema *Glaubenswurzeln* entfernt war, ging ich dem erst einmal nicht weiter nach. Dennoch ließ mich der Eindruck nicht los, den diese Gastpredigerin in mir ausgelöst hatte.

Eine Weile später nahm ich an einem Seminar über das Thema "geistliches Israel" teil, in dem der Sprecher Ansichten vertrat, die ich nicht nachvollziehen konnte. Ich meinte die Bibel anders verstanden zu haben. In der Fragestunde am Ende des Seminars stellte ich ihm eine Frage bezüglich einer Aussage in einem der Prophetenbücher, woraufhin ich eine Antwort erhielt, die mich erschütterte, ganz nach dem Motto: "Kümmer' dich lieber um Dinge, die du auch verstehst." Ich wurde abgekanzelt, meine Frage niedergeschmettert. Ich war sprachlos.

Doch gleichzeitig erhielt ich eine komplett gegenteilige Reaktion, als nach Ausformulierung meiner Frage auf einmal jemand applaudierte und laut vernehmlich sinngemäß sagte: "Endlich kommen wir dem Kern der Dinge näher!"

Im Nachhinein erkannte ich, dass mich diese Reaktion für die im Anschluss folgende, verletzende Antwort des Redners gestärkt hatte und nicht zuließ, dass mein Selbstvertrauen im Boden versank. Ich bin sicher, es war Gott selbst, der sich auf diese Weise schützend um mich gestellt hatte, so wie es in Psalm 3,4 beschrieben wird: "Doch du, Herr, umgibst mich mit deinem Schutz, du bist meine Ehre und richtest mich auf" (NL).

Später stellte sich mir der "Zwischenrufer" als Pastor vor und sagte, man dürfe die Prophetien, die sich auf das künftige Israel,

Jerusalem und den dritten Tempel beziehen, nicht *nur vergeistlichen,* sondern müsse die Dinge so nehmen, wie Gott sie in Seinem Wort sagt. Heute ist mir klar, dass der Seminarredner ein Verfechter jener unseligen Ersatztheologie gewesen war. Bei etlichen Zuhörern hinterließ das Seminar einen etwas faden Beigeschmack...

Eine ähnlich schmerzliche Erfahrung machte ich ein wenig später in einer Gebetsrunde. Am Ende wurde gefragt, ob jemand einen geistlichen Eindruck empfangen habe. Ich hatte tatsächlich einen. Obwohl es zuvor thematisch nicht um Israel gegangen war, hatte ich dennoch ganz klar Gottes Willen verspürt, dass wir für Israel beten sollten. Ich gab den Eindruck in die Runde weiter, woraufhin die Leiterin abwinkte und schroff meinte: "Das kannst du für dich bei dir zuhause tun!"

Das traf mich sehr, schon deshalb, weil es für mich das erste Mal überhaupt gewesen war, einen geistlichen Eindruck weiterzugeben. Davon abgesehen sagt Gott ausdrücklich, dass wir für Jerusalem (steht symbolisch oft für *ganz* Israel) beten *sollen.* Er verknüpft es sogar mit einer Verheißung: "Betet um Frieden für Jerusalem! Gut gehen soll es allen, die dich lieben!" (Psalm 122,6; NL). Noch im selben Augenblick füllte Gott mich mit *Seinem spürbaren Frieden,* sodass ich vergeben konnte: die Verletzung war weg – es ging mir gut, wie ich hier sofort erfahren durfte! Weder meine Offenheit für prophetische Eindrücke noch für das Thema *Israel* hatten durch diese Herabwürdigung nachhaltig gelitten.

Positiv beeindruckt hatten mich dagegen die mehrmaligen Besuche von Jakob Damkani in meiner damaligen Gemeinde. Als messianischer Jude leitet er in Israel einen großen evangelistischen Dienst. Mit typisch jüdischem Humor lehrte er in seinen Predigten leidenschaftlich über den *Juden Jeschua,* woraufhin ich mir sein Buch "Mitten ins Herz" zulegte, das ich regelrecht verschlang! ("Why me?" auf Englisch, "למה דווקא אני?" im Original.)

Darin erzählt er zunächst von seinem eigenen Glaubensweg: ein in jeder Hinsicht spannender Bericht eines Juden mit iranischem Hintergrund, der als Hippie in die USA ging und dort nach vielen inneren Kämpfen gläubig wurde! Und dann erklärt er für Juden, wie sie *Jeschua* als den im *Tenach*, also im *ersten* Bund, verheißenen Messias erkennen können, der im *erneuerten* Bund offenbart ist.

Diese Lektüre brachte mich dem ersten Bund und dem jüdischen Wesen nachhaltig näher. Auf einmal wirkten viele biblische Aussagen nicht mehr so abstrakt auf mich und ich begann einige mir bis dahin nicht immer ganz verständliche Aussagen Jeschuas zu begreifen. Mir war, als kämen die biblischen Juden aus einer Art "Legendenecke" hervor – auf einmal konnte ich sie mit den heutigen Juden in Zusammenhang bringen: die Bibel wurde immer lebendiger!

Doch seltsamerweise konnte ich das Gelesene für mich selbst immer noch nicht richtig einordnen. Noch immer sah ich die Dinge unter der ersatztheologisch geprägten Lehre, der ich damals subtil ausgesetzt gewesen war, und meinte irrigerweise, durch dieses Buch würden nun viele Juden "zum Christentum" finden.

Eine großartige Erkenntnis

Im Frühjahr 2005 nahm ich zum ersten Mal an einer *Sederfeier* teil. Das ist das große Festmahl am Vorabend zu Pessach, dem ersten der drei biblischen Pilgerfeste. Ich denke, hier öffnete sich endlich etwas Entscheidendes in mir. Ein messianisch orientierter Pastor der Landeskirche und seine Frau luden am Abend des Gründonnerstags zu dieser Feier ein, um zu zeigen, worum es bei dem in der Bibel erwähnten *Passahmahl* (eingedeutscht) wirklich geht. Ich beschreibe es hier ausführlicher, weil es gerade im Blick auf den neuen Bund so wichtig ist.

Um das große Festmahl herum gedenkt man mit symbolischen Speisen der Befreiung aus der ägyptischen Sklaverei. Man erinnert sich daran, wie Gott die Israeliten anwies, pro Familie ein makelloses Lamm zu schlachten, dem kein Knochen gebrochen

werden durfte. Das Blut sollte aufgefangen und an Pfosten und obere Balken ihrer Haustüren gestrichen werden, als Zeichen dafür, dass Gott an den auf *diese* Weise gekennzeichneten Häusern *vorbeizog* (das ist die Bedeutung des hebräischen Wortes *pessach)* und nicht an ihnen das Todesurteil vollstreckte, das den Ägyptern galt. In 3. Mose 23,4 ff kann man lesen, dass Gott das Feiern von Pessach *für alle Zeiten* vorgibt!

Die symbolischen Speisen liegen auf einem besonderen *Pessachteller* angeordnet. Unter anderem finden sich dort bittere Kräuter, die so bitter sein sollen, dass einem beim Verzehr die Tränen kommen, um die Tränen der Israeliten in der Sklaverei nachzuempfinden. Auch liegt ein *unversehrter* Lammknochen auf dem Teller, der das *makellose Lamm* symbolisiert, dessen Blut die Israeliten rettete. Und eben *dieser* Knochen weist auf Jeschua hin!

In Psalm 34,21 steht: "Er (Gott) bewahrt alle seine Gebeine, *nicht eines von ihnen wird zerbrochen"* (Sch2000). Am Kreuz brach

man Jeschuas Beine nicht, wie man es üblicherweise mit den Gekreuzigten tat, damit sie schneller starben, denn *Er war* bereits tot (Johannes 19,33-34). So erfüllte sich das prophetische Wort dieses Psalms.

Hier wurde mir erstmalig bewusst, wie sehr Pessach in seiner Bedeutung auf das *wahre* Opferlamm hindeutet – auf *Jeschua*, der uns mit *Seinem* Blut rettet! Ich begann zu begreifen, warum Jochanan/Johannes *Ihn* das "Opferlamm" nannte und war zutiefst beeindruckt!

Jeschua feierte in Seinem Leben auf Erden dieses Fest auf ähnliche Art. Das weiß man, weil es seit den Zeiten des Priesters Esra (5. Jh. v.Chr.) bereits die *Haggada* (geschriebene Festordnung) gibt, die in ähnlicher Form bis heute existiert und nach der Pessach weltweit gefeiert wird. Die *messianische* Haggada unterscheidet sich von der traditionellen nur dahingehend, dass der Hinweis auf Jeschua in den biblischen Texten hervorgehoben wird und man zusätzlich entsprechende Stellen aus dem erneuerten Bund liest.

Als der Pastor uns darauf aufmerksam machte, wurde mir schlagartig klar, dass ich ja *selbst* gerade jene symbolischen Speisen zu mir nahm, wie Jeschua es so oft auch getan hatte! Ich spürte, wie alles immer persönlicher wurde und sich mit Leben füllte... Es war einfach wundervoll!

Seder bedeutet *Ordnung*, denn es handelt sich um ein sorgfältig choreographiertes Festmahl, das mit Familie und Gästen anhand der *Haggada*, deren Inhalt aus der *Erzählung* des Auszugs aus Ägypten (2. Mose) besteht, zelebriert wird. Die Feier ist in vier Teile unterteilt: zwei Kelche Wein vor dem Festmahl und zwei danach, mit dazugehörigen Bibelstellen, Gebeten und Liedern. Man liest mit verteilten Rollen, was das Gedenken besonders lebendig hält. Auch Kinder werden mit einbezogen: so gibt es an einer Stelle der Haggada eine Art Frage- und Antwortzeit, in der der jüngste Teilnehmer am Tisch Fragen stellt, die vom ältesten Teilnehmer kindgerecht, sprich: verständlich, beantwortet werden.

Zu jedem Teil trinkt man einen Becher (Kelch) Wein (keine Sorge, es sind kleine Becher bzw. Traubensaft). Die Becher werden auch *Freudenbecher* genannt, denn sie beziehen sich darauf, dass Gott viermal "Ich will" gesagt hatte (2. Mose 6,6-7a, Sch2000): "Darum sage den Kindern Israels: Ich bin Jahweh, und <u>ich will</u> euch aus den Lasten Ägyptens herausführen und <u>will</u> euch aus ihrer Knechtschaft erretten und <u>will</u> euch erlösen durch einen ausgestreckten Arm und durch große Gerichte. Und <u>ich will</u> euch als mein Volk annehmen und will euer Gott (Elohim) sein":

- *Kelch der Heiligung* ("Ich bin Jahweh und *<u>ich will</u>* euch aus den Lasten Ägyptens *herausführen*" – absondern, heiligen).
- *Kelch der Errettung* ("<u>*Ich will*</u> euch aus der ägyptischen Knechtschaft erretten." Da es bei diesem Kelch um die Plagen geht, wird er auch "Kelch des Gerichts" genannt; siehe auch Offenbarung).
- *Kelch der Erlösung* ("<u>*Ich will*</u> euch erlösen" – Einsetzung des neuen Bundes. Der *Opfertod Jeschuas* <u>erneuerte den ersten Bund</u> und schuf *kein* Abendmahl).
- *Kelch der Annahme* ("<u>*Ich will*</u> euch als mein Volk annehmen und will euer Gott sein" – Beginn des Milleniums).

Bei den ersten beiden Kelchen handelt es sich um einen Rückblick auf den Auszug der Israeliten aus Ägypten und auf die Wunder, die Gott tat, damit der Auszug überhaupt zustande kommen konnte. Ein besonderer Blick gilt dem *Blut des Opferlammes,* das wiederum deutlich auf den *Messias Jeschua* hinweist. Der Wein soll *rot* sein, denn er symbolisiert das Blut des Opferlammes, und Blut wiederum steht für das Leben. Daher auch der Trinkspruch *L'Chaim,* לחיים – zum Leben!

Nun drehen wir uns um, schauen von den ersten beiden Kelchen weg in die entgegengesetzte Richtung und erkennen in den letzten beiden Kelchen eine Vorschau: Jeschua, der von unserem heutigen Blickwinkel aus gesehen das endgültige Opfer bereits gebracht und unsere Erlösung erwirkt *hat!*

Doch die Vorschau geht noch weiter: ein *Festmahl* verbindet die beiden ersten Kelche mit den beiden letzten – es ist eine Art *Brücke der Gegenwart* zwischen Vergangenheit und Zukunft. Und es ist mehr als 'nur' ein Festmahl: so vieles in der jüdischen Tradition ist voll herrlicher Symbolik: es deutet auf das *Hochzeitsmahl des Lammes* hin (Offenbarung 19,9)! In den Schriften wird oft beschrieben, wie Gott selbst uns ein Mahl bereitet (z.B. Jesaja 25,6; Psalm 23). Alles kam so nah an mich heran, dass ich danach hätte greifen können! Es wurde so lebendig, dass ich meinte, Jeschua säße gemeinsam mit uns am Tisch! Seine Gegenwart war unbeschreiblich, einzigartig, unfassbar! Eine freudige Ehrfurcht stieg in mir empor, die mich über mehrere Tage begleitete.

An dieser Stelle ist es mir wichtig, Folgendes einzuschieben: Gott hatte, wie vorher bereits erwähnt, immer auch den *Fremden* im Blick: denjenigen, der *nicht* zum Volk Israel gehört. Es ging Ihm *nicht* bloß um Sein erwähltes Volk, sondern letztendlich um *alle* Menschen! Das sagt Er an vielen Stellen der Torah, zum Beispiel hier: "Ihr sollt ein *einheitliches Recht* haben, für den *Fremdling* wie für den Einheimischen; denn ich, der Herr (Jahweh), bin euer Gott (Elohim)" (3. Mose 24,22; Sch2000). Das gilt auch für die Feste: "Wenn ein *Fremder* bei euch lebt und Jahwe das Passa feiern will, soll er es *nach den Ordnungen und Vorschriften* des Passafestes tun. *Für den Fremden <u>und</u> den Einheimischen im Land gilt dieselbe Ordnung*" (Bamidbar/4. Mose 9,14; NeÜ). Und im Folgenden zeigt Gott, wie wichtig ihm der Fremdling tatsächlich ist, gleich jedem aus Seinem Volk: "Verflucht sei, wer das Recht des *Fremdlings*, der Waise und der Witwe beugt!" (5. Mose 27,19; Sch2000).

Der Fremde wird in der Torah oft als dazugehörig erwähnt. *Israel* ist zwar das erwählte Volk, doch wer immer sich an dessen Gott hält, gehört dazu, wie Ruth.

Am Berg Sinai waren jede Menge Fremde dabei, als Gott den Israeliten die Torah gab. Denn als sie aus Ägypten aufbrachen, "zog aber auch viel Mischvolk mit ihnen" (2. Mose 12,38; Sch2000)! Somit ist für mich klar, dass *Nichtjuden immer mit <u>dazugehören</u>!* In 3. Mose 23 findet man oft die Anweisung: *"Das ist eine immerwährende Ordnung für alle Generationen"*. *Allen* Menschen gelten diese Feste bis heute und darüber hinaus!

Weil Christen über Jahrhunderte falsch gelehrt wurden, trifft ihr Argument natürlich nicht zu, ihnen würden die Feste nicht gelten, die seien ja 'Altes Testament' und gälten nur den Juden, wir aber leben im Neuen. Als ich diese Feste zu feiern begann, wurde mir schmerzhaft bewusst, wessen wir über die Jahrhunderte hinweg beraubt worden sind.

Und noch etwas ist wichtig, nämlich, dass laut Schrift der Messias von *Elia* angekündigt werden sollte (Maleachi 3; Jesaja 40,3; Lukas 1,17). Tatsächlich kündigte *Johannes der Täufer* Ihn an (Matthäus 3, Markus 1, Lukas 3, Johannes 1). Und später bestätigte Jeschua, dass *Johannes* Elia sei (Matthäus 11,14). Allerdings nicht im esoterischen Sinne 'reinkarniert', sondern Er kam *im Geist* des Elia!

Später wurde Jeschua ganz deutlich. Als Er mit dreien Seiner Jünger vom Berg der Verklärung (Berg Tabor) herunterkam, unterhielten sie sich über das, was gerade zuvor geschehen war: Jeschua hatte sich mit Mosche (Mose) und Eliajahu (Elia) getroffen! "Die Talmidim (Jünger) fragten ihn: 'warum sagen denn die Torahlehrer, dass zuerst Elijahu kommen muss?' Er antwortete: 'Einerseits kommt Elijahu und wird alle Dinge zurechtbringen (wiederherstellen); andererseits sage ich euch, dass Elijahu bereits gekommen ist, und die Menschen erkannten ihn nicht, sondern machten mit ihm, was sie wollten (Johannes wurde im Gefängnis geköpft). Auf die gleiche Weise wird auch der Sohn des Menschen durch ihre Hände leiden.' Da verstanden die Talmidim, dass er zu ihnen von *Jochanan dem Eintaucher* sprach" (Johannes der Täufer, Matthäus 17,10-13; DHS).

Auch die Rückkehr des Messias wird von Elia angekündigt werden (Maleachi 3,23-24; gilt sowohl für das erste Kommen des Messias als auch für Seine Wiederkunft!). Messianisch Gläubige (Juden wie Nichtjuden) warten auf Seine *Wiederkunft*, traditionelle Juden auf Sein *erstes* Kommen. In beiden Fällen spielt Elia eine wichtige Rolle; daher wird für ihn am Sedertisch ein Extraplatz reserviert, den man mit dem besten Kelch des Hauses eindeckt. Man füllt ihn, trinkt ihn in der jüdischen Tradition jedoch nicht.

Vor dem zweiten Pessachbecher sagte Jeschua zu Seinen Jüngern: "Ich hätte so gern *diesen* Seder mit euch gefeiert, bevor ich sterbe. Denn ich sage euch, es ist gewiss, dass ich es nicht wieder feiern werde, *bis* es seine *volle* Bedeutung im Reich Gottes erhalten hat" (Lk 22,15-16; DHS). Ob die Jünger hier schon verstanden?

"Dann nahm Er einen Becher Wein (den 2. Kelch), machte die *B'rachah* (sprach den üblichen Segen, Seite 112. *Dankte* steht ungenau in den meisten deutschen Übersetzungen) und sagte (etwas Ungewöhnliches): "Nehmt diesen und teilt ihn unter euch. Denn ich sage euch, dass ich von jetzt an die Frucht des Weinstocks nicht wieder trinken werde, *bis* das Reich Gottes kommt" (Verse 17-18). Das Martyrium begann für Ihn bereits hier. Zwischen den Zeilen sagt Er, dass Pessach auch im Millennium gefeiert wird! Dann wird auch Er es wieder feiern, wie Er im eben genannten Vers 16 ankündigte!

Danach brach Er das Brot mit dem üblichen Segensspruch (siehe Seite 112. "Dankte" steht auch hier in den meisten deutschen Übersetzungen), wie man es gewöhnlich vor den Mahlzeiten tut. Auch hier sagte Er etwas, das nicht zur rituellen Feier gehört: "Das ist mein Leib, der für euch hingegeben wird; tut das im Gedenken an mich!" (Vers 19). Damit kündigt Er zum zweiten Mal Seinen Opfertod an (das erste Mal im eben erwähnten Vers 15). Wenn man sich diese drei für die Sederfeier ungewöhnlichen Aussagen anschaut, wird klar, dass sie etwas Besonderes bedeuten. *"Tut* das im Gedenken an mich"* (Vers 19), sagt Jeschua dann auch noch! *Im Gedenken* tut man eine Sache erst bei *Abwesenheit* des Betreffenden – es ist somit die deutliche Aufforderung, Pessach *weiterzufeiern* (*"bis* das Reich Gottes kommt"*, Vers 18. Jeschua bezog sich hier auf den rituellen *zweiten Kelch innerhalb der Sederfeier* und *nicht* auf ein "Abendmahl")!

Auf das Brotbrechen folgt das Festmahl; dann der dritte Kelch, der *Kelch der Erlösung,* der *dieses* Mal etwas ganz Besonderes darstellt, denn es handelt sich um die *endgültige* Erlösung *aller* Menschen im neuen Bund, den Jeschua hier so symbolträchtig einführt und der mit Seiner Auferstehung endgültig in Kraft trat!

Laut Vers 17 nahm Jeschua für den zweiten Kelch *'einen'* Becher (im Sinne von *irgendeinem*). Doch in Vers 20 nahm Er für den dritten Kelch einen ganz *bestimmten* Becher und sagte wieder etwas Ungewöhnliches: "Das gleiche tat er *nach* dem Essen (dem Festmahl) mit *dem* Becher und sagte: *'dieser* Becher ist der *neue Bund,* besiegelt durch mein Blut, das für euch vergossen wird'".

Wir können davon ausgehen, dass es sich *hier* um den *Elia-Becher* handelte ("Kos Elijahu", כוס אליהו), der ja eigentlich nicht angerührt wird, weil er für den Ankündiger des Messias' reserviert ist. Somit machte Jeschua <u>Seinen Anspruch</u> auf den Status als Messias deutlich, der sich in *diesem* speziellen Kelch ausdrückt! Es geht um das Blut *dieses* besonderen Lammes, das den bisherigen Bund *zum Ziel bringt* (nicht ersetzt)! Somit ist Jeschua <u>die</u> Erfüllung von Pessach! Als Juden verstanden Seine Jünger die Symbolik sehr genau.

Die gesamte Heilsgeschichte Gottes mit uns Menschen liegt in jedem Teil der Pessachfeier symbolisch verborgen. Nur verstehen wir sie oft nicht, denn erst das *Wissen um den jüdischen Hintergrund* lässt die Details, wie auch die mangelhafte Lehre erkennen, der wir jahrhundertelang ausgesetzt gewesen waren. Die jüdischen Wurzeln wurden verdrängt und gewisse Inhalte gar nicht mehr bzw. nur unvollständig gelehrt, sodass zwangsläufig etwas anderes verstanden wurde/wird als das, was ursprünglich in der Schrift steht. Die Lehre eines derart verqueren Schriftverständnisses treibt dann natürlich die bizarrsten Blüten.

Das in der christlichen Tradition bekannte *Abendmahl* ist in der Tat *integraler Bestandteil* von Pessach! Es ist das am <u>Abend</u> stattfindende Seder<u>mahl</u>, auf das der Begriff gründet. Das *Mahl* ist das Festmahl während der Feier und *nicht* die Oblate bzw. das Stückchen Brot, worauf man den Begriff "Mahl" sonst beziehen müsste. Viele messianisch Gläubige feiern aus diesem Grund das Abendmahl nur einmal im Jahr: nämlich immer zu Pessach! Denn sie wissen um den hebräisch-traditionellen Hintergrund. Wer von dem dritten Sederbecher trinkt, sagt Ja zu diesem Bund.

Außerhalb von Pessach feiert man den *Kiddusch*: immer vor den festlichen Mahlzeiten an den Schabbatabenden und den Festtagen. *Kiddusch*, קידוש = "Heiligung", leitet sich von *kadosch* = heilig, קדוש, ab und entstammt 2. Mose 20,8: "Gedenke des Sabbattages, dass du ihn heiligst". Folgende Segenssprüche werden vom Herrn des Hauses gesprochen:

Zuerst die Segnung des Weines:

(→ . ברוך אתה יי אלוהינו מלך העולם בורא פרי הגפן‏ = *Baruch atah JHWH, Eloheinu, Melech haOlam, boreh p'ri haGafen!* Gesegnet seist du, JHWH unser Gott, König des Universums, der du die Frucht des Weinstocks geschaffen hast!

Daran anschließend das Brotbrechen:

(→ .ברוך אתה יי אלוהינו מלך העולם המוציא לחם מן הארץ‏ *Baruch atah JHWH, Eloheinu, Melech haOlam, haMotzi lechem min haAretz!* Gesegnet seist du, JHWH, unser Gott, König des Universums, der du die Erde Brot hervorbringen lässt!

Dies sind die beiden Segenssprüche, die Jeschua beim zweiten Kelch und dem Brotbrechen *vor* dem Festmahl gesprochen hat (die eben behandelten Verse in Lukas 22,17+19, Seite 110)!

Wein und Brot weisen tatsächlich auf *Jeschua* hin: "Ich bin der wahre Weinstock," sagt Er (Johannes 15,1) und "Ich bin das Brot des Lebens. Wer zu mir kommt, wird nicht hungern, und wer an mich glaubt, wird nie mehr dürsten" (Johannes 6,35). Der zweite Vers deutet auf *Melchisedek* hin, der auf Abraham (damals noch Abram) zukam, nachdem dieser fünf verfeindete Könige besiegt hatte: "Aber Melchisedek, der König von Salem, brachte Brot und Wein herbei. Und er war ein Priester Gottes, des Allerhöchsten. Und er segnete ihn und sprach: Gesegnet sei Abram von Gott, dem Allerhöchsten, dem Besitzer des Himmels und der Erde! ... Und [Abram] gab ihm den Zehnten von allem" (1. Mose 14,18-19).

Auf diese Situation nahm der Autor des Hebräerbriefes Bezug: "Denn dieser Melchisedek [war] König von Salem, ein Priester Gottes, des Allerhöchsten; er kam Abraham entgegen, als der von der Niederwerfung der Könige zurückkehrte, und segnete ihn. Ihm gab auch Abraham den Zehnten von allem. Er wird zuerst gedeutet als 'König der Gerechtigkeit', dann aber auch als 'König von Salem', das heißt König des Friedens" (Hebräer 7,1-2). Der althebräische Name der Stadt *Salem*, שלם, bedeutet *Frieden*. Die drei Buchstaben bilden gleichzeitig die Wortwurzel. Das Wort *Schalom,* das ja auch Frieden bedeutet, wird fast genauso geschrieben: שלום und enthält dieselbe Wortwurzel. Auf Hebräisch heißt Jerusalem *Jeruschalajim*, ירושלים, Stadt des Friedens – und auch hier sehen wir wieder dieselbe Wurzel. So kann man davon ausgehen, dass *Salem* mit dem späteren *Jerusalem* gleichzusetzen ist. Gott selbst hatte sich diese Stadt erkoren (Psalm 132, 14. Beides Sch2000).

Der Name *Melchisedek,* מלכי-צדק, setzt sich aus den beiden Worten *melech* (König, מלך) und *zedek* (Gerechtigkeit, צדק) zusammen: König der Gerechtigkeit! Melchisedek segnet Abram, und dieser gibt ihm den Zehnten – einfach so, ohne dazu aufgefordert worden zu sein! Er ist ein Priester Gottes, des Allerhöchsten, *El Eljon*, אל אליון, der Abram Brot und Wein reicht. Seitdem wird zum Schabbatbeginn der *Kiddusch* zelebriert. Bedenke: den Schabbat gibt es *seit* dem Schöpfungsbericht und Abraham war *kein* Jude! Für mich ist es eindeutig: der Schabbat gilt *allen* Menschen!

Der Begriff *Priester* wird hier zum ersten Mal in der Schrift erwähnt, ebenso wie *Allerhöchster*, einer der Namen Gottes, was deutlich macht, dass es <u>keinen außer Ihm</u> gibt! Aufgrund all dieser Informationen setzt der Schreiber des Hebräerbriefes Melchisedek dem Messias gleich: "... er gleicht dem Sohn Gottes und bleibt Priester für immer" (Hebräer 7,3b; Elbf).

Mit der Errettung des <u>Gottesvolkes</u> aus der ägyptischen Sklaverei ist der Seder mit den ersten beiden Kelchen also bereits erfüllt. Doch der Erlösungsplan Gottes geht weiter: mit den letzten beiden Kelchen weist Seder auf die Errettung *aller Menschen* hin!

Daher das Gebot, Pessach weiterzufeiern: quasi als Erinnerung *und* Hinweis auf das größte Wunder Gottes zugleich! Doch *diese* mit dem dritten Becher symbolisierte Erlösung erhält ihre *volle* Bedeutung *erst* bei der *Wiederkunft* des Maschiach! Darum sagte Jeschua in Lukas 22,16, dass Er selbst es *erst dann* wieder feiern wird: Im Millenium wird es also weitergefeiert werden!

Der dritte Kelch hat die Sederfeier zum Teil also auch erfüllt. Somit steht nur noch der vierte Kelch, der *Kelch der Annahme* aus: Jeschuas Wiederkunft, wo Er Sein *gesamtes* Volk *annimmt!* Davon handelt dieser Kelch, der deswegen auch *Kelch des Lobes* genannt wird. Denn es wird großartig sein, wenn der Herr wiederkommt! So singt man voll freudiger Erwartung die *Hallel*-Psalmen (die Lobpsalmen 115-118)! Wenn man bedenkt, dass Jeschua unter anderem den Vers 22 aus Psalm 118 sang, in dem es heißt: "Der Stein, den die Bauleute verworfen haben, der ist zum Eckstein geworden", nur wenige Stunden bevor *Er* von den Führern Seines eigenen Volkes verworfen wurde...

Ich begann mich ernsthaft zu fragen, was dazu geführt hatte, dass Christen Pessach *nicht* begehen...

Wie man sich *Wahrheit* zurechtbiegen kann...

Im Sommer desselben Jahres nahm ich an einem Vortrag zur damals aktuellen Lage um den Gazastreifen teil. Anhand von Bibeltexten und historisch-politischen Informationen erklärte derselbe Pastor die Hintergründe des Staates Israel, so wie er heute existiert, und die Abstammung der verschiedenen arabischen Volksgruppen. Kurze Zeit später räumte Israel im Rahmen der 'Friedensverhandlungen' den Gaza und übergab ihn den Palästinensern, welche daraufhin als erste 'Amtshandlung' Synagogen und sämtliche ihnen überlassenen Treibhäuser mit bestem Obst und Gemüse zerstörten und Israel seitdem 'zum Dank' mit Raketen auf zivile Gebiete beschießen. Zigtausende waren es bereits.

Im Vortrag wurde deutlich, wie sehr auch heute wieder Fakten verdreht werden, um Israel und den Juden das Existenzrecht abzusprechen. Wieder einmal. Sogar in unserem Land, wo man es doch eigentlich besser wissen müsste...

In vielen Situationen des Lebens, besonders aber beim Thema *Israel*, kommt Gottes Warnung zum Tragen: "Wehe denen, die Böses gut und Gutes böse nennen, die Finsternis zu Licht und Licht zu Finsternis erklären, die Bitteres süß und Süßes bitter nennen!" (Jesaja 5,20; Sch2000). Wenn also Wahrheit zur Lüge und Lüge zur Wahrheit deklariert wird.

Da dieses Thema immens wichtig ist, komme ich um einen kleinen biblisch-geschichtlichen Exkurs nicht herum, auch wenn er auf den *ersten* Blick eventuell nicht hierher zu passen scheint. Doch er erklärt *aktuelles,* politisches Geschehen im Licht der Bibel, von der es nicht zu trennen ist, auch wenn manch einer es gern versuchen würde...

In jenem Vortrag erfuhr ich unter anderem, dass das *Westjordanland* 1948 während des israelischen Unabhängigkeitskrieges vom erst 1946 gegründeten Jordanien *annektiert* worden war und erst *seitdem* so genannt wird. Israel eroberte es im Sechstagekrieg 1967 zurück. Der Name *Westjordanland* lenkt jedoch von der Realität ab, denn es handelt sich hierbei nicht bloß um das Westufer des Jordans, sondern um das **biblische Kernland** *Judäa und Samaria.* Das wird gern verschwiegen...

Judäa ist seit dem Buch Josua bekannt; seit gut 3000 Jahren heißt die Gegend so. *Samaria* kennt man seit König Jerobeam (Melachim/1. Könige; damals Hauptstadt des Nordreiches). Doch sagt man heute politisch-korrekt *Westbank* und sogar *"besetzte* Gebiete" zu einer seit Jahrtausenden angestammt *biblischen* Region, statt sie weiterhin <u>historisch</u>-korrekt *Judäa und Samaria* zu nennen.

Dort befinden sich Orte wie Jerusalem, Hebron, Sichem, Jericho, Bethlehem, Caesarea, Emmaus und Stätten wie Machpela ([1. Mose 23,16-20], Grab der biblischen Erzväter Abraham, Isaak und Jakob mit ihren Frauen Sara, Rebekka und Lea); die Gräber Rahels und Josephs und andere biblisch-relevante Stätten. Mit welcher Berechtigung also beanspruchen *Palästinenser* diese Gebiete und Stätten?

Seit der Gründung des jüdischen Staates 1948 lehnen die arabischen Nachbarländer seine Anerkennung ab. Anschläge auf Israel und seine Bewohner gehören seitdem zum Alltag, doch die Welt will davon nichts wissen – im Gegenteil: man heult mit den Wölfen und erklärt *Israel* zum Aggressor... Egal was Israel macht, es wird von EU und UN torpediert. Es wird behandelt, als sei es ein unartiges Kleinkind. Kein anderes Land dieser Welt würde sich eine derartige Einmischung in innere Angelegenheiten gefallen lassen, wie man meint, es mit Israel tun zu können.

Die verschiedenen Versuche, Israel zu vernichten, auch heutzutage, sind in der Bibel *vorhergesagt!* Doch die ebenso vorhergesagte anwachsende *Gottlosigkeit* in der Welt lässt Biblisches immer irrelevanter erscheinen. So zum Beispiel darf die Existenz Israels offiziell nicht mehr biblisch begründet werden, egal wie oft Gott Israel dies zugesichert hat. Aber der Gott der Bibel darf ja auch nicht mehr als absolute Wahrheit erwähnt werden...

Dies macht sich die Palästinensische Autonomiebehörde PA schon seit Langem zu eigen (man glaubt gar nicht, wie gut manche Muslime sich in der Bibel auskennen...) und versucht, *biblisch-jüdische Beweise* in Judäa und Samaria bei der UNESCO als "palästinensisches" Kulturerbe anerkennen zu lassen. Und das Christentum wird gleich mit vereinnahmt: so behauptet die PA seit einiger Zeit, Jesus sei der *"erste palästinensische Märtyrer"* gewesen, und erreichte die Anerkennung der Geburtskirche in Bethlehem als *Weltkulturerbe* (am 29.06.2012 in einem überraschenden *Eilverfahren* durch die UNESCO und wurde somit zum *Politikum* stilisiert). Gleichzeitig werden immer mehr Christen aus dem öffentlichen Leben gedrängt. Nichts soll an jüdische Geschichte, von der die christliche ja nicht zu trennen ist, erinnern, falls die Anerkennung des Staates "Palästina" durchgesetzt wird.

Als *Israel* zuvor *Machpela*, das Grab der *biblischen Erzväter Abraham, Isaak und Jakob* bei Hebron, als *jüdisches* Kulturerbe anerkennen lassen wollte, was es ja definitiv *ist* (1. Mose 23,1-20: Abraham hatte den Hetitern das Grundstück mit dem Höhlengrab offiziell abgekauft), ging ein Aufschrei der Empörung zunächst durch die palästinensische Welt und dann gleich im Anschluss im 'vorauseilenden Gehorsam' durch die sogenannte Weltgemeinschaft.

Doch was die Welt nicht zu realisieren scheint, ist die bedeutsame Tatsache, dass <u>*Isaak*</u> und <u>*Jakob*</u> im Islam gar nicht anerkannt werden, stattdessen *Ismael* (Isaaks Bruder) und *Esau* (Jakobs Bruder). Und <u>*genau hier*</u> liegt die Wurzel des Problems zwischen Juden und Arabern: es war *Isaak*, dem die Verheißung des Bundes mit Gott galt, *nicht* Ismael (1. Mose 21,12)! Das akzeptieren Araber jedoch bis heute nicht, und auf der politischen Weltbühne darf dies schon gleich gar nicht erwähnt werden...

Wohl aus diesem Grund verdreht der Islam bestimmte biblische Fakten (denn er kennt die Wahrheit, will sie aber nicht akzeptieren) und lässt Abraham bereit sein, *Ismael* anstelle des Isaak zu opfern (Sure 37,102; Ismael wird namentlich zwar nicht genannt, doch ist es die gängige islamische Auslegung. Isaak wird erstmals in Vers 112 angekündigt. Und nun vergleiche mit dem *Original* in 1. Mose 22!).

Ismael ist das Resultat von Abrahams Ungehorsam, weil der mit seiner Frau Sara an Gottes Verheißung (1. Mose 15) gezweifelt hatte (1. Mose 16): auf Saras Rat hin schlief er mit ihrer Magd Hagar und zeugte so Ismael. Doch Gott ließ sich nicht von Seinem ursprünglichen Plan abbringen: die Rettung der Menschheit stand auf dem Spiel. So kündigte Er Abraham und Sara in Seinem Erbarmen die Geburt ihres *gemeinsamen* Nachkommens ein *zweites* Mal an. Er sagte ihnen sogar, wie sie ihn nennen sollten und verhieß Abraham auf dessen Wunsch hin Segen für Ismael:

"Gott aber entgegnete ihm: 'Sara, deine Frau, wird einen Sohn bekommen, den sollst du *Isaak* nennen. <u>Und ich will meinen ewigen Bund *mit ihm und seinen Nachkommen* bestätigen</u>. Was Is-

mael betrifft, so will ich deiner Bitte nachkommen. *Ich will ihn segnen.* Ich will ihn fruchtbar machen und ihm viele Nachkommen schenken. So werde ich aus seinen Nachkommen ein großes Volk machen. Zwölf Fürsten werden von ihm abstammen. *Meinen Bund aber schließe ich mit Isaak,* der dir und Sara nächstes Jahr um diese Zeit geboren werden wird'" (1. Mose 17,19; NL). Ein Jahr danach erblickte Isaak tatsächlich das Licht der Welt!

Später mussten Hagar und ihr Sohn Ismael das Lager verlassen, doch Gott beschützte und versorgte sie auch weiterhin. Und am Ende ging aus *Ismael,* genau wie von Gott verheißen, eine große Nachkommenschaft hervor: er wurde *Stammvater der Ismaeliten*, dem Stammesverband der Araber. Das schenkte Gott ihnen aus Liebe und Erbarmen.

Von den beiden Zwillingssöhnen Isaaks war es später der jüngere *Jakob,* der den Erstgeburtssegen erhielt, *nicht* der erstgeborene Esau (1. Mose 25,23). Dem war sein Erstgeburtsrecht dermaßen egal, dass er es für einen Teller Linsensuppe (also für etwas Profanes) einfach seinem jüngeren Bruder überließ. Gegen den Willen seines Vaters heiratete er zwei Hetiterfrauen. Und obwohl ihm das Erstgeburtsrecht egal war, wurde er dennoch wütend, als Jakob den Segen schließlich erhielt (wenn auch aufgrund einer Lüge). Daraufhin heiratete er noch eine Frau: die Tochter seines Onkels *Ismael,* womit er sich völlig von Gottes Bundesvolk absetzte. Aus seiner Blutlinie gingen die Edomiter hervor (wegen seiner roten Haare und der roten Linsensuppe wurde er *Edom* genannt, was *rot* heißt), die zu großen Feinden Israels wurden. Etwa um 200 v.Chr. verlor sich ihre Spur im Staub der Geschichte. Sie hatten südlich von Moab gelebt, einem Teil des heutigen Jordanien.

Jakob musste fliehen, weil Esau ihn mit dem Tod bedrohte, und kam bei Laban, dem Bruder seiner Mutter Rebekka, in Haran unter. Er bereute seine Lüge, tat Buße vor Gott und hielt sich fest an Ihn. Ohne in Details zu gehen – er blieb dort viele ereignisreiche Jahre und heiratete die beiden Töchter seines Onkels (wobei er von dem übers Ohr gehauen wurde). Am Ende hatte er zwölf Söhne, eine Tochter und große Besitztümer und kehrte mit seiner Großfamilie nach Kanaan zurück. Mit seinem Bruder Esau versöhnte er sich zwar, doch gingen sie danach getrennte Wege. Seine Söhne wurden die Fürsten der zwölf Stämme Israels.

So erfüllte sich das Wort, das Gott an Rebekka gerichtet hatte, als sie mit den beiden Jungen schwanger war: "Der HERR (JHWH) aber sprach zu ihr: Zwei Nationen sind in deinem Leib, und zwei Volksstämme scheiden sich aus deinem Innern; und ein Volksstamm wird stärker sein als der andere, und der Ältere wird dem Jüngeren dienen" (1. Mose 25,23; Elf.).

Die Blutlinie Jakobs führt über seinen Sohn *Juda* zu *König David* und schließlich direkt zum *Messias Jeschua*!

Heute sehen wir, wie zahlreich die arabischen Völker tatsächlich geworden sind. Doch entfernten sie sich mit der Zeit immer mehr von Gott, bis sie Ihn schließlich ganz aufgaben und im siebten Jahrhundert n.Chr. den von Mohammed erwählten, vorislamischen Mondgötzen Allah als ihren Gott annahmen (daher der Halbmond auf den Fahnen vieler islamischer Staaten. "Allah" leitet sich von al-Ilah, dem Hauptgott der alten Kaaba, her. Quelle: http://92366. homepagemodules.de/t404f17-Der-Mondgott-quot-Allah-quot.html). Sie verstanden nicht, dass Gott Seinen Bund durch *Isaaks* Blutlinie weiterführte und fühlten sich vernachlässigt, 'nur' Zweite zu sein. Sie erkannten nicht, dass Gott sie dennoch liebte: hätte Er ihnen sonst so viele Nachkommen geschenkt, die sie am Ende zahlenmäßig sogar weit über Israel hinauswachsen ließen?

Ihr Neid auf Isaak, später auch auf Jakob, und auf deren Erben verbitterte sie so sehr, dass in ihnen ein Hass entstand, der sich bis in unsere Gegenwart hineinzieht. Das ist der Grund, warum Araber so sehr auf Judäa und Samaria erpicht sind: sie scheinen tatsächlich davon überzeugt zu sein, dass jetzt endlich die Zeit gekommen sei, sich ihr 'rechtmäßiges' Erbe zu holen und den Juden, folglich auch den Christen, das *biblische Kernland* abzunehmen. Sie meinen, Gott habe einen Fehler begangen, daher stünde *ihnen* das Land zu, sogar *Gesamtisrael*... Es gibt ein Lied, in dem es heißt: "Vom Fluss bis zum Meer wird Palästina frei sein" (zwischen *Jordan* und *Mittelmeer*). Ganz offen besingen sie darin ihre Absicht, Israel von der Landkarte zu tilgen: die Juden sollen ins Meer getrieben werden. Bereits Kindern wird dieses Lied eingetrichtert, das einige von ihnen dann fröhlich im palästinensischen Kinderfernsehen zum Besten geben (Video): (Quelle: http://palwatch.org/main.aspx?fi=408&doc_id= 10489).

Im Nahostkonflikt geht es *nicht* um Politik und Friedensverträge, wie der Westen es so gern formuliert – die PA will *alles.* Letztlich ist es ein Kampf gegen Gott selbst. Ihre 'Überzeugungskünste' finden bei westlichen Politikern und Organisationen in deren politisch-korrekten Verblendung Gehör, da sie den geistlichen Aspekt des Konflikts nicht ernstnehmen, weil sie *Gott* nicht ernstnehmen. Hinzu kommt die "Taqqia", nach der es im Islam offiziell zu lügen erlaubt ist, wenn es der eigenen Sache dient (z.B. Sure 3,28 bzw. 3,54, in der Allah selbst als der größte aller Lügner bezeichnet wird). Die Erziehung ihrer Kinder zum Hass tut ihr Übriges...

Über Ismael hatte Gott der Hagar gesagt: "Er wird ein wilder Mensch sein, seine Hand gegen jedermann und jedermanns Hand gegen ihn; und er wird allen seinen Brüdern trotzig gegenüberstehen" (1. Mose 16,12; Sch2000). Heute ist das nicht anders...

So ist der Islam letzten Endes ein Produkt jener 'Wildheit'. Doch kaum jemand scheint ernstzunehmen, was den Gläubigen im Koran u.a. befohlen wird: "Bekämpft sie, bis aller Glaubensstreit ein Ende hat und keine andere Religion mehr besteht als jene Allahs", heißt es z.B. in Sure 2, Vers 216. Das ist eindeutig, nicht wahr? Noch drastischer sind folgende Verse: "Und ihr Gläubigen, freundet euch nicht mit Juden und Christen an" (Sure 5,56). "Wenn ihr den Ungläubigen begegnet, dann schlagt ihnen den Kopf ab, bis ihr ein Blutbad unter ihnen veranstaltet habt" (47,4). Darum enthaupten Islamisten ihre "ungläubigen" Geiseln sooft.

Trotz dieser barbarischen Verse wird der Islam oft als 'friedlich' bezeichnet, islamistische Anschläge als "tragische Einzelfälle". Die Täter gelten als 'psychisch labil'. Macht man auf den Irrtum dieser Aussagen aufmerksam, gilt man oft als 'islamophob', rechtsgesinnt, sogar als 'Rassist'.

Dabei genügt ein Blick in Länder wie Afghanistan, Pakistan, Nigeria, Saudi Arabien, Iran, etc. und zu Organisationen wie ISIS, Boko Haram, Hisbollah, Hamas und andere, um zu erkennen, wie ernst solche Befehle dort tatsächlich genommen werden. Ich sauge mir diese abscheulichen Verse nicht aus den Fingern: sie können im Koran nachgelesen werden. "Islam" bedeutet *Unterwerfung* und *nicht* Frieden! Unser Gott dagegen lehrt: "*Liebt* eure Feinde!" (Lukas 6,35) Was für ein Unterschied...

Doch werden diese Hintergründe offenbar nur selten wirklich ernstgenommen. Man behauptet, Juden, Christen und Muslime hätten alle denselben Gott. Aber frag doch einmal einen Muslim, ob er an den *Gott Abrahams, Isaaks und Jakobs* glaubt – er wird sich entsetzt abwenden! Und so meint man, den Konflikt auf *humanistische* Weise lösen zu können und hält politisch-korrekt "Palästina" die Stange...

Der Philosoph Arthur Schopenhauer soll einmal Folgendes gesagt haben: "Alle Wahrheit durchläuft drei Stufen: Zuerst wird sie lächerlich gemacht oder verzerrt. Dann wird sie bekämpft. Und schließlich wird das als Selbstverständlichkeit akzeptiert."

Juden haben das die ganze Geschichte hindurch bis heute immer wieder erleiden müssen und das nur, weil sie Juden sind.

Bereits vor der schrecklichen Schoah im vergangenen Jahrhundert durch das Nazi-Regime wurde in der Geschichte schon oft versucht, Israel zu vernichten. So gelang den Babyloniern beispielsweise die Eroberung des Landes im Jahr 598 v.Chr. Sie schickten die Juden ins Exil und zerstörten den Tempel – den *Lebensmittelpunkt* der Juden. Ungefähr 70 Jahre später konnten sie jedoch zurückkehren; der Tempel wurde wiederaufgebaut.

Etwa 200 v.Chr. eroberten die Seleukiden Israel (Syro-Griechen; sie waren einer der vier Nachfolger des Reiches Alexander des Großen), schändeten den Tempel, indem sie dort Zeusgötter anbeteten, Schweine opferten und die Juden zwangen, das Fleisch zu essen. Sie wussten sehr wohl, was für ein Gräuel das für die Juden darstellte, für die der Verzehr dieses Fleisches unrein war – sie sollten moralisch gebrochen werden, ihrem Glauben abschwören...

Doch das gelang ihnen nicht! Im Jahr 134 v.Chr. endete die Belagerung mit den Makkabäer-Aufständen. Der Tempel wurde gereinigt und neu geweiht. In Erinnerung daran wird seitdem *Chanukka* gefeiert. Man erzählt sich, dass diese Wieder-Einweihung mit einem Wunder Gottes einherging, das mit dem Licht der Menorah zu tun hatte. Deshalb nennt man das Fest auch *Lichterfest*.

Doch bereits 63 v.Chr. wurde Israel wieder von einer Fremdherrschaft übernommen – diesmal von den Römern. Sie führte im Jahr 70 n.Chr. erneut zur Zerstörung des Tempels. Der letzte verzweifelte Aufstand der Juden wurde im Jahr 135 blutig niedergeschlagen (Bar-Kochba-Aufstand), die Juden in alle Welt zerstreut. Es sah aus, als sei dies nun tatsächlich das Ende Israels.

In dem Versuch, selbst die *Erinnerung* an Israel und die Juden auszulöschen, nannten die Römer unter Kaiser Hadrian im selben Jahr die Region kurzerhand in *'Palästina'* um. Diese Benennung hielt sich bis zum Ende des britischen Mandats 1948. Doch hat es außer Israel _nie_ eine autonome *Nation* "Palästina" gegeben! Und die *Philister*, auf die man diese Benennung gelegentlich zurückführt, kamen ursprünglich von der griechischen Inselwelt (Jeremia 47,4b); sie siedelten im Gebiet um Gaza und verschwanden auf einmal wieder (etwa 600 v.Chr.). Sie hatten weder mit dem Land, noch mit den heutigen "Palästinensern" etwas zu tun, die es _vor_ der ersten PLO-Charta im Jahr 1964 _nie_ gegeben hat! Es sind Araber, zumeist mit ägyptischem Hintergrund.

So war es der Ägypter *Jassir Arafat*, der eine Art nationales Bewusstsein unter den *Arabern* aus dem ehemaligen, britischen

Mandatsgebiet Palästina (1920-1948) kreierte. In der ganzen Geschichte war es immer nur ein *Gebiet*, eine *Region* gewesen, doch *niemals* eine Nation! Die "Palästinenser" berufen sich da also auf etwas, das es nie gegeben hat...

Dagegen war das Volk des *souveränen Israel* die letzten 1900 Jahre keine eigenständige Nation, weil es von anderen gezwungen worden war, in der Zerstreuung zu leben. Das Land selbst wurde seitdem jedoch *nicht ein Mal* von anderen Staaten annektiert, *nie* war Jerusalem Hauptstadt einer anderen Nation gewesen! Eine kleine Anzahl Juden war im Land geblieben und im Lauf der Jahrhunderte stark angewachsen. Laut eines Zensus des Jahres 1875 bestand die absolute Mehrheit der Jerusalemer Bevölkerung aus Juden. Ich denke, all dies sind bedeutsame Tatsachen – Gott hat es wohl nicht anders zugelassen!

Überall auf der Welt hatten die Juden mit Hetze, Verfolgung und Pogromen zu kämpfen, zuletzt im Holocaust. Und auch jetzt werden sie wieder massivst drangsaliert. So etwas überlebt gewöhnlich kein Volk, doch Israel wurde, wie in Jesaja 66 verheißen, an *einem einzigen Tag* wiedergeboren:

"Wer hat je so etwas gehört? Wer hat etwas Derartiges gesehen? Wurde je ein Land an einem Tag zur Welt gebracht? Ist je ein Volk auf einmal geboren worden? Denn Zion hat Wehen bekommen und *zugleich* ihre Kinder geboren. Sollte ich bis zum Durchbruch bringen und doch nicht gebären lassen? spricht der Herr. Sollte ich, der ich gebären lasse, [die Geburt] verhindern? spricht dein Gott" (8-9; Sch2000).

Diese Verheißung erfüllte sich am 14. Mai 1948, als das im Jahr 1920 auf Großbritannien übertragene Mandat für Palästina endete. Laut der *Balfour Deklaration* vom 2.11.1917 sollten sie auf die Verwirklichung einer "nationalen Heimstätte für das jüdische Volk" hinwirken. Gleich nach Mandatsende rief *David Ben Gurion* den *jüdischen Staat Israel* aus. Nur *elf Minuten* später wurde er erstmalig anerkannt! Doch schon in der Nacht darauf erklärten die arabischen Nachbarländer Israel den ersten Krieg.

Gottes Volk wird nicht in Ruhe gelassen. Heute versucht man es auf *subtile* und daher so *gefährliche* Weise: man demontiert ganz einfach die Geschichte... So wird einerseits der Holocaust immer häufiger geleugnet und andererseits behaupten die Palästinenser seit geraumer Zeit, dass es nichts Jüdisches im Nahen Osten gäbe, selbst der Tempel sei in Wirklichkeit "muslimisch"... Doch die Welt hinterfragt diese Lügen nicht, sieht nicht die geschichtliche Absurdität dieser Behauptungen (der Islam existiert ja erst seit dem 7. Jahrhundert *nach* Christus!!) und schweigt – wie schon einmal. Was ist bloß aus den "Nie-wieder"-Rufen geworden?

Wie beim Grab der Erzväter in Hebron, bestehen Muslime ebenso auf der Verwaltung des Tempelbergs in Jerusalem (durch den "Waqf", einer jordanisch-islamischen Rechts-Institution), auf dem sie Ende des achten Jahrhunderts die Al-Aksa-Moschee gebaut hatten (was doch bedeutet, dass der jüdische Tempel *zuerst* da war...). Während biblische Anlagen unter *israelischer* Verwaltung Besuchern *aller* Glaubensrichtungen offenstehen, sind sie unter *muslimischer* Verwaltung meist nur mit spezieller Genehmigung und unter Polizeischutz zugänglich. Vor einiger Zeit wurde ein Jude nach seinem Gebet am Josephgrab in Nablus, dem biblischen *Sichem,* erschossen. Wer auf dem Tempelberg betend 'erwischt' (!) wird, riskiert verhaftet zu werden (sogar Christen). In Epheser 6,10-20 erläutert Paulus, dass die Fäden solcher Kämpfe in der *geistlichen* Welt gezogen werden...

Muslimen ist der jüdische Tempel seit eh und je ein Dorn im Auge. Schon immer wussten sie, wie heilig er den Juden ist – die Gegenwart Gottes muss dort für *jeden* spürbar gewesen sein, was ihre Eifersucht immer wieder neu entfachte. Doch ließ er sich nicht *komplett* zerstören: so ist die Westmauer (Klagemauer) erhalten; man sagt, die Gegenwart Gottes (schechina) sei dort nie ganz verschwunden. Außerdem treten immer mehr archäologische Beweise jüdischer Geschichte zutage, sogar bis hin zum *ersten* Tempel. Unterdessen hat der *Waqf* Grabungen am und unter dem Tempelberg verboten. Das sagt doch eigentlich alles...

Im Jahr 2007 sprach Hassan Khader, Gründer der *Al-Quds-Enzyklopädie* (*Al Quds* ist arabisch für *Jerusalem*), Klagemauer und Tempelberg jegliche jüdische Wurzeln ab. Ein hoher PA-Beamter verkündete 2009 öffentlich, die Juden hätten keinerlei historische Verbindung zum Land und wären *'Eindringlinge'*... Sie hätten ihre Geschichte nur 'erfunden', um Palästina zu schaden. Dabei wird Jerusalem nicht ein einziges Mal im Koran erwähnt, und laut Sure 5,21 gehört Israel eindeutig den Juden. Das wird allerdings nicht beachtet und so liest man auf palästinensischen Landkarten "Palästina" statt *Israel;* an Schulen darf nicht über den Holocaust gelehrt werden... (Quelle: Israel Heute). Mit dem Ergebnis, dass solchen Lügen weltweit immer mehr Beachtung geschenkt wird. Medien gehen auf eine derartige Geschichtsverfälschung entweder nicht ein oder sie verbreiten sie ganz bewusst weiter. Selbst in deutschen Schulbüchern steht neuerdings solch ein Blödsinn. So werden Menschen für die Wahrheit verblendet...

Was sagte Schopenhauer noch gleich???

Doch egal wie oft versucht wurde, Israel und die Juden auszulöschen – es ist niemandem wirklich gelungen, auch wenn es zeitweilig den Anschein dazu hatte! Letztendlich hat Gott Seinem Volk immer beigestanden! Es ist eine historische Tatsache, dass Völker nicht überleben, wenn sie länger als zweihundert Jahre in der Zerstreuung und ohne eigene Sprache leben. So verschwanden bereits viele Völker.

Doch Israel als eines der kleinsten Völker hält die ganze Welt in Atem! Etwa 1900 Jahre (!) lebten sie in der Diaspora (in der Zerstreuung); zeitweilig wurde Hebräisch nur als Sakralsprache im Torahstudium verwendet. Doch da die Torah seit jeher *viel* studiert wird, starb Hebräisch nie wirklich aus (im Gegensatz zu Latein und dem altgriechischen *Koiné)!* In den Synagogen wurde weltweit viel Hebräisch gesprochen, so konnten reisende Juden aus anderen Ländern sich verständlich machen. Die Traditionen blieben auf diese Weise mit nur wenigen, unwesentlichen Abweichungen (etwa den Mahlzeiten zu den einzelnen Festen) erhalten. Ende des 19. Jahrhunderts belebte *Eliezer Ben Jehuda* Hebräisch als Muttersprache *Iwrit* wieder neu. Alt- und Neuhebräisch sind sich ähnlich; hauptsächlich entstanden neue Worte, die man früher nicht kannte, wie Computer, Auto, Telefon, Kühltruhe und andere.

Trotz Diaspora bewahrten die Juden weltweit ihre Identität. Sie hielten an Gott, Seinen Geboten und Festen fest und pflegten, wo immer sie lebten, während vieler Jahrhunderte ihre von der Bibel durchdrungenen Traditionen. Dies ließ sie sich im Ausland gegenseitig als Juden erkennen! Doch war die jüdische Lebart aus antisemitischen Gründen oft nur im Geheimen, bisweilen sogar gar nicht möglich. Daher hatte Gott sie zuvor angewiesen: "Und die Worte, die ich dir (Israel) heute verkünde, sollen *in deinem Herzen* sein. *Präge sie deinen Kindern ein* und rede davon, ob du in deinem Haus bist oder unterwegs, ob du dich hinlegst oder aufstehst" (aus "Sch'ma Jisrael" – "Höre Israel"; 5. Mose 6,6-7; NeÜ).

Bereits davor hatte Er ihnen aufgetragen, ihren Kindern die Pessachgeschichte so weiterzugeben, als hätten sie sie selbst erlebt (2. Mose 13,8)! Ich bin sicher: *deshalb* existiert die Haggada! An vielen Stellen Seines Wortes lehrt Gott Sein Volk, den Schabbat und die Feste zu halten, womit seine Geschichte bis heute lebendig geblieben ist! Sogar die prophetisch-messianische Vorschau ging nicht verloren!

Vor über 3300 Jahren entstanden die ersten biblischen Schriften, da etwa zurselben Zeit im semitischen Nahenosten die ersten Buchstabenschriften (im Gegensatz zu den älteren ostasiatischen Hieroglyphenschriften) entstanden. Seitdem werden Torah und der ganze Tenach *bis heute* in derselben Weise kopiert: akribisch schreiben speziell ausgebildete Rabbiner die Texte ab, Buchstabe für Buchstabe, im selben Abstand, auf speziellem Pergament,

das nicht vergilbt, mit Feder und spezieller Tinte, die nicht zer-
fließt. Beim geringsten Fehler, und sei es nur ein Punkt, ist die *gesamte* Arbeit hinfällig und muss von neuem begonnen werden.

Diese handkopierten Exemplare der Schrift sind derart perfekt, wie kein moderner Druck sie hinkriegen könnte! Der beste
Beweis ist die komplett erhaltene Jesajarolle (etwa 200 v.Chr.) aus
den 1947 gefundenen Qumran-Rollen. Sie enthält kaum Abweichungen von den bis dahin bekannten, viel späteren mittelalter-
lichen Handschriften! Auch die anderen in Qumran gefundenen
Schriften sind Beweis für die Autentizität der Bibel: keine Schrift
wurde verfälscht und erstrecht nicht "neu erfunden", wie manche Bibelkritiker gern behaupten.

Zurück zum am Anfang dieses Kapitels erwähnten Seminar:
es war erstaunlich, wie biblisches Geschehen und Gottes Wort
nach diesen Einblicken immer mehr Gestalt in mir annahmen,
immer persönlicher wurden! Inzwischen ist mir alles so nah, wie
persönliche Briefe aus meiner eigenen Vergangenheit! Plötzlich
ließen mich die vielen bereits erfüllten Prophetien erkennen, wie
sehr die aktuellen Ereignisse des Weltgeschehens mit der Bibel
Hand in Hand einhergehen, sodass mich die wenigen noch aus-
stehenden Prophetien immer gelassener in die Zukunft blicken
lassen! Mehr noch: meine Sehnsucht nach Jeschuas Rückkehr
wird seitdem immer größer! Es ist einfach überwältigend!

Die Antwort rückt näher

Dann kam das Jahr 2007 und mit ihm nicht nur das bereits erwähnte Desaster in meinem Leben, sondern eben auch die Erkenntnisse der hebräischen Glaubenswurzeln. Schritt für Schritt
wurde ich dem Thema entgegengeführt; doch war mir zunächst
immer noch nicht klar, weshalb ich seit frühester Jugend solch eine Liebe zu Nation und Volk empfunden hatte. Richtig zu begreifen begann ich es erst, als Gott mir besagte Stationen meines Lebens vor Augen führte. Seine Führung wurde immer eindeutiger.

In jener Zeit suchte ich im Internet für meine Webseite nach christlichen Radiosendern. Dabei fiel mir ein messianischer Sender aus den USA auf, den ich mir erst nur der Musik wegen anhörte, die ich schon immer sehr geliebt hatte, ohne jedoch die Texte zu verstehen.

Doch da hier nicht nur auf Hebräisch, sondern auch auf englisch gesungen wurde, merkte ich schnell, dass es wunderschöne Anbetungslieder waren. Schon bald konnte ich einige aus vollem Herzen mitsingen! Auf erstaunliche Art sprachen mich sogar die hebräischen Lieder so sehr an, dass ich oft in eine persönliche Anbetung geführt wurde. Wegen der Krise war ich dazu schon länger nicht mehr in der Lage gewesen. So tat mir das jetzt besonders gut, es war wie Medizin für meine Seele! Und es zeigt, wie Gott ist: in Seiner Liebe schenkte Er mir Sein Erbarmen, indem Er mit ein und derselben Sache zwei Resultate bewirkte: Lehre einerseits und Gutes für meine Seele andererseits! Von da an hörte ich den Sender täglich; später kamen weitere hinzu.

Da ich nicht der typische Radiohörer bin, konzentrierte ich mich auf Wortbeiträge zuerst eher weniger, hörte nur einzelne Sätze, während ich auf weitere Musik wartete. Doch schon bald zogen sie mich regelrecht in ihren Bann: in den Vorträgen mehrerer messianischer Bibellehrer wurden immer mehr meiner inneren Fragen beantwortet – ich hatte ein Aha-Erlebnis nach dem anderen!

Auf einmal erschien mir die Torah gar nicht mehr so *"gesetzlich"*, wie es in der traditionell christlichen Theologie meist gelehrt wird, weshalb ich sie nur sehr oberflächlich kannte, nur Ungenügendes über ihren Inhalt wusste. Das ist vermutlich auch der Grund, warum ich bisher den *liebenden* Gott im ersten Bund kaum erkennen konnte. Nun aber wurde Seine Liebe so tief und real, wie ich sie nie zuvor erlebt hatte! Ich erkannte, dass Er *nicht* der strafende Gott ist, den viele wegen ihrer ersatztheologischen

Prägung in Ihm sehen, sondern ein gerechter, gnädiger Gott, der genau weiß, warum Er gewisse Dinge fordert bzw. zulässt.

Und irgendwann begriff ich, dass Er Sein Volk in aller Liebe so streng anfassen *musste,* denn *nur so* konnte Er sie zu *Seinem* Volk machen. *Nur so* konnten sie ihre Identität wahren und die Angriffe, die sie immer wieder wie kein anderes Volk erdulden mussten, *bis heute* überleben! *Nur so* konnte der Messias aus ihnen hervorgehen! Mit einem Mal wurde mir bewusst, was wir diesem Volk alles zu verdanken haben: *die ganze Welt* bekam <u>*von ihnen* die Bibel und Jeschua geschenkt!</u> Was war das für ein bewegender Moment der Erkenntnis! Alles wurde hell, denn mir wurde ein Schleier von den Augen genommen!

Ich suchte die Webseiten der einzelnen, in jenem Radiosender vortragenden Bibellehrer auf und erfuhr, dass alle ganz unterschiedliche Hintergründe hatten. Es waren messianische *Juden* und *Nichtjuden,* die irgendwann ihre hebräischen Glaubenswurzeln entdeckt hatten, so wie ich sie gerade selbst immer mehr entdeckte! Einige dieser Bibellehrer waren vorher sogar Pastoren verschiedener christlicher Denominationen gewesen.

Es war einfach spannend zu erfahren, wie so viele Menschen mit solch unterschiedlichen Hintergründen dennoch die gleichen Erkenntnisse haben konnten! Das zeigt eindeutig Gottes Wirken! Ich bekam Lehre aus ganz unterschiedlichen Blickwinkeln heraus und erfuhr, dass Gott diesbezüglich in der heutigen Zeit weltweit immer mehr Gläubige erweckt! Der Kreis der Heilsgeschichte schließt sich tatsächlich – ich sah es förmlich vor Augen!

Hier hörte ich zum ersten Mal bewusst von der *Ersatztheologie.* Ich war entsetzt und hatte zunächst Mühe zu begreifen, was ich da erfuhr. *Christliches* wurde *Biblischem* gegenübergestellt. Welch ein Schock, mit Auslassungen und falschen Übersetzungen konfrontiert zu werden, was nicht selten zu falschen Lehren geführt hatte. Zuerst kam die Rebellion in mir hoch; ich redete mir ein, das Gehörte sei nicht richtig, eben typisch sektiererisch.

Doch gleichzeitig begannen sich immer mehr innere Fragen zu klären. Ich musste zwischen der biblischen Wahrheit Gottes und der menschlich-theologischen Lehre entscheiden.

Es war nicht immer einfach und manche Erkenntnis schmerzte, denn es hing so viel Vertrautes daran. Doch es dauerte nicht lange und ich konnte mich der Wahrheit nicht länger entziehen. Langsam begriff ich, dass wir in vielen Dingen tatsächlich jahrhundertelang falsch gelehrt worden waren. Was hat das nicht für entsetzliche Konsequenzen nach sich gezogen – im Glauben und im natürlichen Leben. Die furchtbarste davon der Holocaust...

Bald erkannte ich einen weiteren Grund für meine jahrelangen, inneren Fragen: das *griechische Denken,* von dem seit Plato, Sokrates und Aristoteles die gesamte westliche Welt durchdrungen ist: eine Ideologie, die seit jeher der Ersatztheologie in die Hände spielte. Nun hörte ich erstmalig von dieser Seite unserer ideologischen Realität, die wir so vehement verteidigen. Mir ging buchstäblich ein Licht auf!

Dieser Begriff muss jedoch erst einmal erklärt werden, denn hier im Westen wachsen wir alle in diesem Denksystem auf, ohne uns darüber bewusst zu sein; es hat sich schon lange verselbständigt. Im *griechischen* Denken steht *ausschließlich* der verstandesmäßig geprägte *Mensch* im Mittelpunkt. Der Humanismus hat hier seine Wurzeln. Gott spielt, falls überhaupt, nur eine untergeordnete Rolle. Der Mensch hat niemanden über sich, der in sein Leben hineinsprechen könnte. Es ist ein *säkulares* Denksystem, in dem es nur um akademisches Wissen, Analyse, *Selbst*erkenntnis geht. Es wird gelehrt, Wahrheit wissenschaftlich-rational anzugehen und durch Denken zu erkennen. Der Glaube sei eine Sache des Verstandes und müsse, ebenso wie die Existenz Gottes, bewiesen werden. Es ist ein lineares Denken. Eine persönliche Beziehungsebene gibt es hier erst einmal nicht.

Im *hebräisch*-zyklischen Denken steht dagegen die *persönliche Gemeinschaft* mit Gott im Vordergrund. *Geistlicher* Aspekt und *Kennen* Gottes sind wichtiger als *Kopfwissen* über Ihn. Es geht um das näher zu Ihm heranführende Studium. *Handeln* ist wichtig. *Wahrheit* hat einen hohen expansiven *Erfahrungsanteil*. Das ist im Wirken des Heiligen Geistes erkennbar. Jeschua erklärt es Seinen Jüngern folgendermaßen: "Es ist der *Heilige Geist, der in alle Wahrheit führt*. Die Welt kann ihn nicht empfangen, *denn sie sucht ihn nicht und erkennt ihn nicht*. Ihr aber kennt ihn, weil er bei euch bleibt und später (ab Schawuot) in euch sein wird" (Jochanan/Johannes 14,17; NL).

Es ist der Gegensatz Herzensglaube – Kopfglaube: Gott gibt uns Sein Wort *ins Herz*. Der *Verstand* ist dem Glauben eher abträglich, da sich sein analytisches, ablehnendes Denken zerstörerisch auf den Glauben auswirken kann. Daher sagte Gott: "Ich will meinen Geist in euer Inneres legen und werde bewirken, dass ihr in meinen Satzungen wandelt (dass wir es *können!*) und meine Rechtsbestimmungen befolgt und tut" (Hesekiel 36,27; Sch2000). Dieses Innere, das Herz, kann den Verstand dazu bringen, Gottes Wahrheiten zu akzeptieren. Im griechischen Denken ist der Glaube *nur* ein unpersönliches Für-wahr-halten, das sich bald schon wieder ändern kann, während er im hebräischen Denken *Ausdruck* einer lebendigen Beziehung zu Gott ist.

Man unterscheidet das unwesentliche Äußere vom wesentlichen Innern, sieht die Dinge im Zusammenhang, genießt in Dankbarkeit, während im griechischen Denken Askese, Abstinenz, Zölibat, Selbstkasteiung markante Merkmale sind.

Da es ab dem zweiten Jahrhundert fast nur noch *heidenchristliche* Bibellehrer *ohne* im Tenach verwurzelte Grundlagen gab, entstand ein geistliches Vakuum; griechisches Denken konnte in Lehre und Tradition eindringen. Das hebräische Denken wurde mehr und mehr ausgeblendet, wodurch sich mit der Zeit natürlich auch das *Verhalten* der Menschen änderte.

Auf subtile Weise wurde Gottes Wort ausgehöhlt und verfremdet. Der Boden für die Ersatztheologie war gelegt.

Gottes Gebote wurden als *äußere Frömmigkeitsformen* und oft verfälscht übernommen: der Schabbat wurde zu Sonntag; Pessach zu "Ostern"; Schawuot zu Pfingsten. Und Sukkot wurde durch ein *Erntedankfest* ersetzt, das weder mit der von Jeschua erwirkten Erlösung, noch mit Seiner Wiederkehr zu tun hat.

Wie wir jedoch vorher bereits sahen, geht es in *allen* von Gott vorgegebenen Festen um Seinen Erlösungsplan für uns Menschen! In *keinem* christlichen Fest lässt sich die Vorschau auf Jeschuas Rückkehr erkennen. Sie wurden neu eingeführt; ebenso auch Götzen, wie die 'Himmelskönigin' Maria (Jeremia 7,18 und 44, 15-25), ein Titel, wie ihn viele Göttinnen Vorderasiens mit astralem Charakter trugen (bibelwissenschaft.de/stichwort/21218/). Auch von Menschen ernannte Heilige gehören dazu, ebenso götzenhafte Handlungen wie Rosenkranz, Kreuzzeichen, Prozessionen.

Priestergewänder und Weihrauch (2. Mose 31,10-11 und 2. Mose 30,22-38) werden benützt, obwohl kein Tempel mehr vorhanden ist. Auch werden die Gewänder nicht wie in 2. Mose 28 vorgegeben hergestellt. Die *Fastenvorschrift* wurde geändert (es gibt nur *eine* biblische Vorschrift, nämlich die für Jom Kippur in 3. Mose 16,29.31. Ansonsten ist Fasten *immer* eine *individuelle Entscheidung)*.

Heilige werden von der Kirche bestimmt. Doch Gott sagt: "Denn ich bin Jahwe, euer Gott. *Heiligt euch!* Ihr sollt heilig sein, denn ich bin heilig!" (3. Mose 11,44; NeÜ). Es gilt also *jedem einzelnen* aus dem Volk, auch den Eingepfropften! Darum wiederholt Kefa/Petrus dies in seinem ersten Brief 1,16. Das *Heiligsprechen Einzelner* durch eine fehlbare Kirche ist *nicht* im Sinne Gottes.

Durch die sogenannte 'Wandlung' ersetzt in der katholischen Kirche eine Jeschua immer wieder neu tötende Eucharistie den dritten Pessachkelch. Man glaubt, dass sich in jener Zeremonie Hostie und Wein in Fleisch und Blut Jesu wandeln, *obwohl* Jeschua gesagt hatte, dass dies *nur* ein <u>Gedenken</u> sein soll. Ein spezielles Schränkchen, in dem sich die Monstranz (ein edles Schaugerät) mit einer 'gewandelten' Hostie befindet, heißt dort *Taberna-*

kel und wird als *Gegenwart Gottes* interpretiert. Es ist die Imitation der Mischkan, der Stiftshütte. Und wie viele Menschen fallen anbetend auf die Knie, wenn diese Monstranz in einer feierlichen Fronleichnamsprozession an ihnen vorbeigetragen wird.

Ich erkannte immer mehr, dass mir nötige Voraussetzungen fehlten. Bislang war es, als hätte alles meinen Glauben Bezügliche erst mit Jeschuas Geburt begonnen: die ganze *Vorgeschichte* erschien mir verschwommen. Doch nun begann ich in immer mehr Berichten des ersten Bundes die *Vorschatten* auf den neuen Bund zu *erkennen!* Denn beinahe alles, was Jeschua sagte, bezog sich auf Dinge, die der Vater bereits lange zuvor gesagt hatte – Jeschua bekräftigte sie nur noch einmal! Wenn Er zum Beispiel sagte, man solle seinen Nächsten wie sich selbst lieben (Matthäus 22,39), dann bezog Er sich damit auf eine Anweisung, die Sein Vater, der Gott Abrahams, Isaaks und Jakobs, bereits in 3. Mose 19, 18 gegeben hatte! So galt es nun, sich in das hineinzuvertiefen, was der Vater *ursprünglich* gesagt hatte und dabei auch den Kontext nicht außer Acht zu lassen! Jeschuas Aussagen wurden mir immer verständlicher, denn die Hintergründe, aus denen heraus Er sprach, wurden immer erkennbarer!

Sehr hilfreich sind dabei die *Paraschot* ("Paraschah" im Singular). Das sind die *Wochenlesungen* aus der Torah, die von traditionellen Juden ebenso wie von messianisch Gläubigen gelesen werden. Jede Woche einige fortlaufende Kapitel, sowie eine thematisch auf die Paraschah abgestimmte Passage aus den Prophetenbüchern (Haftarah). Messianisch Gläubige lesen zusätzlich aus dem neuen Bund. Hintergründe werden erkennbar, die Gute Nachricht von Jeschua immer klarer. Plötzlich kapierte ich, was Er meinte, als Er sagte, dass *nicht ein Strich* eines Buchstabens in der Torah hinfällig ist!

Dieser Satz hatte mir früher immer Kopfzerbrechen bereitet. Zwar hatte ich die theologische Widersprüchlichkeit irgendwie gespürt, traute mich aber nie, das Gehörte anzuzweifeln, weshalb ich meine Fragen jahrelang beiseite geschoben hatte. Nun aber *begriff* ich, dass wir Jesus nicht einfach vom "Alten Testament" abkoppeln dürfen, dessen Texte an so vielen Stellen auf *Ihn* hindeuten!

So musste Jeschua bereits die Pharisäer ermahnen, nicht zu vergessen, dass Mose von *Ihm* gesprochen hatte: "Denn wenn ihr Mosche wirklich glaubtet, würdet ihr mir glauben; denn er hat über mich geschrieben. Aber wenn ihr nicht glaubt, was er schrieb, wie wollt ihr glauben, was ich sage?" (Johannes 5,46-47).

Mit der Zeit wurde mir ebenfalls bewusst, dass man nicht von *"Testament"* sprechen kann (vgl. Seite 14), denn unser Gott *lebt!* Es ist ein *Bund*, den Er damals *mit Abraham* geschlossen und dem Er durch die Torah am Berg Sinai den *Bund mit Mose* hinzugefügt hatte, den *Jeschua* durch *Sein* Opfer dann *zur vollen Geltung brachte* (Jeremia 31,31-36 und Hebräer 8,10).

Ich erkannte, wie oft wir Dinge einfach als gegeben hinnehmen, ohne uns Gedanken über deren Richtigkeitsgehalt zu machen. Bald begann ich mir die Begriffe *Altes* bzw. *Neues Testament* abzugewöhnen und bemühte mich, Jesus, so gut es mir nach jahrelanger Gewohnheit gelang, mit Seinem *tatsächlichen* Namen <u>*Jeschua*</u> anzureden. Denn es ist *dieser* Name, der "Jahweh rettet" bedeutet und *nicht* die hellenisierte Form "Jesus" (Ιησοῦς = Iesous), die sich in *kein* sinnvolles hebräisches Wort zurückübersetzen lässt. Erwähnenswert wäre höchstens, dass die zweite Silbe "sus" auf Hebräisch *Pferd* und auf Latein *Sau* bedeutet. Kein erbaulicher Name für unseren Retter, wie ich finde...

Eine ganz bestimmte Bibelstelle hatte mir diesbezüglich früher immer Probleme bereitet, und zwar diejenige, wo Josef sich von Mirjam trennen wollte, weil sie vor der Hochzeit schwanger geworden war, ohne dass sie miteinander geschlafen hätten. Also vermutete er, sie sei fremdgegangen. Daraufhin erschien ihm der Engel des Herrn im Traum, der ihm versicherte, dass alles seine Richtigkeit habe, weil sie vom Heiligen Geist schwanger geworden war, und sagte: "Sie wird aber einen Sohn gebären, und du sollst ihm den Namen Jesus geben, denn er wird sein Volk erretten von ihren Sünden" (Matitjahu/Matthäus 1,21; Sch2000).

Du sollst Ihm den Namen *Jesus* geben, *denn* Er wird sein Volk *erretten*... Wieso *"denn"?* Was hat der Name mit *Rettung* zu tun? Inzwischen weiß ich natürlich, dass *dieser* Name *nichts* damit zu tun hat. Doch jahrelang war es die gängige, unverständliche Lehre, der ich damals unterworfen war. Natürlich hatte ich gehört, dass Sein Name auf Hebräisch "Rettung" bedeutet, aber es wurde nie anhand der hebräischen Sprache erklärt. So blieb mir dieser Vers durch dieses kleine Wörtchen "denn" lange unverständlich. Es wären Beispiele aus dem ersten Bund nötig gewesen, wo der Name bzw. das *Wort* "Jeschua" anhand seiner verschiedenen Formen in der hebräischen Schrift gezeigt wird, damit man begreift, wie es sich für Juden im Original anhört. Viele Juden sind im Lauf der Jahrhunderte darüber "gestolpert" und haben erkannt, dass Jeschua *tatsächlich* ihr Maschiach ist!

An folgendem Vers wird es deutlich: *"Dieser Jeschua* (יֵשׁוּעַ - der Name *Jeschúa*) ist der Stein, von euch Bauleuten verworfen, der zum Eckstein geworden ist. *In keinem anderen ist Rettung* (יְשׁוּעָה – Jeschu'áh)!" (Apg. 4,11-12a; DHS).

In 'schua', שׁוּעַ, steckt die Wurzel des Verbs *jascha*, יֵשׁ = retten. *Jeschua* ist die Kurzform von Jahuschua, bei dem *Jah* die Kurzform von Jahweh ist, und bedeutet somit **Jahweh rettet!**

Der *Jude* Jeschua hat einen *jüdischen* Namen, mit dem Seine *jüdische* Mutter Mirjam und später auch Seine *jüdischen* Jünger Ihn riefen! Namen sind im Hebräischen sehr wichtig, weil sie Bedeutung haben. Einige Beispiele: "Aber Rahel spürte, dass ihr das Leben entwich und sie sterben würde. Da nannte sie ihn (ihren zweiten Sohn) *Ben-Oni, Sohn meiner Totenklage.* Sein Vater (Jakob) aber nannte ihn *Ben-Jamin, Sohn meines Glücks"* (1. Mose 35,18).

Nachdem Josef unschuldig Jahre der Sklavenarbeit und auch im Gefängnis verbracht hatte, segnete Gott ihn und ließ ihn zum zweiten Mann im Staat Ägypten werden. Er heiratete und als sein erster Sohn geboren wurde, gab er ihm den Namen *Manasse: "der mich vergessen lässt"* (1. Mose 41,51).

Noch ein letztes Beispiel: *Isaak* bedeutet *Lachen, Gelächter*: "Sara rief: Gott lässt mich wieder lachen (weil sie ihren Sohn 90-jährig bekam)! Jeder, der das erfährt, wird mit mir lachen!" (1. Mose 21,6). Bereits davor hatte Gott Abraham gesagt, dass sie das Kind *Isaak* nennen sollten, denn da "fiel Abraham auf sein Angesicht und lachte..." (1. Mose 17,17-19)!

Die grammatikalisch-semantische Variante des hebräischen Wortes *Rettung* kommt im Tenach oft vor und weist in ihrem jeweiligen Kontext deutlich auf den *Messias Jeschua* hin:

- האל ישועתינו, ha'el <u>jeschuateinu</u> = der Gott unserer <u>*Erlösung*</u> (Psalm 68,20).

- כי שמחתי בישועתך, ki simchati <u>b'jeschuatecha</u> = denn die Freude <u>ihrer *Rettung*</u> (1. Samuel 2,1).

- יהוה אלוהי ישועתי, JHWH, elohai <u>jeschuati</u> = Herr (Jahweh), mein Gott, <u>meine *Rettung*</u> (Psalm 88,1).

- לצור ישענו, l'tzur <u>jischeinu</u> = (dem) Fels <u>unseres *Heils*</u> (Rettung; Psalm 95,1).

- ויהי לי לישועה, vayehi li <u>l'jeschuah</u> = und Er war <u>meine *Rettung*</u> (Jesaja 12,2).

- הדרך לישועה במשיח ישוע, ha'derech <u>l'jeschuah</u> b'maschiach <u>jeschua</u> = der Weg der *Errettung* im Messias *Jeschua*.

- ושבחתח מים בששון ממעיני הישועה, u-sch'avtem majim b'sasson <u>mimaj'nei ha'jeschuah</u> = Und ihr werdet mit Freuden Wasser schöpfen aus den <u>Quellen des *Heils*</u> (Jesaja 12,3) – lebendiges Wasser aus den Quellen Jeschuas...!!!

Hier wird deutlich, wie wichtig es ist, zumindest ansatzweise Ahnung von der hebräischen Sprache zu haben bzw. jemanden zu kennen, der einem gewisse Dinge erklären kann. Was für eine Überraschung, wenn auf einmal Hintergründe klar werden, die man zuvor nie gesehen hatte, weil sie aufgrund der Andersartigkeit in der deutschen Sprache einfach nicht erkennbar sind!

Ich hörte Predigten über Römer 11, wie Gläubige aus den Nationen als "wilde Zweige" auf den "edlen Zweig des Baumes Israel" gepfropft sind und nun *mit dazu*gehören! Je mehr ich das verstand, desto mehr entwickelte sich in mir das Gefühl der Zugehörigkeit, so wie man sich im Normalfall seiner eigenen biologischen Familie zugehörig fühlt!

Ich musste wieder an meine Erlebnisse von damals und an die Liebe denken, die ich Israel und den Juden gegenüber immer empfunden hatte. Auf einmal begriff ich, dass Gott mir damals schon zeigen wollte, wohin ich gehörte! In meinen jungen Jahren als Traditionschrist *konnte* ich es nicht verstehen und *dennoch* empfand ich diese Nähe! Gott hatte bereits im Vorwege gewusst, wie ich mich später einmal entscheiden würde! Wirklich: alle Ehre gebührt nur Ihm!

Die Versorgung

Dort, wo ich 2007 lebte, gab es keine bibeltreuen Gemeinden vor Ort und erstrecht keine, die Israel und unsere hebräischen Glaubenwurzeln beachteten. Zu der Zeit hatte ich auch kein Auto und öffentlicher Verkehr war fast gleich Null, gerade am Wochenende. Wie sehr vermisste ich eine geistliche Heimat! Da erinnerte Gott mich etwas später an eine Gemeinde, die ich einige Jahre zuvor auf einer Konferenz kennengelernt hatte. Der Impuls war so drängend, dass ich sofort deren Webseite aufsuchte und erfuhr, dass sie gerade begonnen hatten, ihre Gottesdienste live im Internet zu übertragen! Zufall? Wohl eher kaum!

So loggte ich mich bei der nächsten Gelegenheit ein und war total erstaunt, neben der Bühne eine große Menora stehen zu sehen! Die Lobpreisgruppe sang zum Teil auf Hebräisch, und aus den Wortbeiträgen ging hervor, dass die gesamte Gemeinde bereits seit geraumer Zeit ihre hebräischen Glaubenswurzeln gefunden hatte. Gottes barmherzige Führung war offensichtlich!

Nun sah ich diese erfüllenden Gottesdienste regelmäßig. Internetzuschauer wurden offiziell begrüßt, persönlicher Kontakt per Messenger ermöglicht. Es war fast wie selbst dabei zu sein! Natürlich ersetzt das Internet nicht die eigene Gemeinde – nichts kommt einer *persönlichen Gemeinschaft* gleich! Doch in jener anhaltenden Problematik in meinem Leben war dies für den Moment die einzig reelle Alternative.

Wie oft wurde ich in diesen Stunden gesegnet! Ich lernte viel, besonders, was das effektive Aufarbeiten der Nazischuld betrifft. Denn mit der Zeit wurde mir hier u.a. der Grund meiner vorhin beschriebenen Identitätskrise bewusst: nämlich, dass es weit über verdrängte Negativaspekte einer Mentalität hinausging.

Die messianische Bewegung fasst allmählich auch in Deutschland Fuß, wie ich hier erfuhr, wenn auch zurzeit noch eher zaghaft. Doch zeichnet es sich bereits ab, dass die Zeit der Wiederherstellung begonnen hat! Dass es nur bei uns nicht schneller vorangeht, wie etwa in den USA oder den lateinamerikanischen Ländern, hat mehr mit unserer unseligen Vergangenheit zu tun. Vor der NS-Zeit hatte es einige messianische Gemeinden in Deutschland gegeben. Aus bekannten Gründen gab es sie danach natürlich nicht mehr. Die meisten messianischen Juden, die nicht umgebracht wurden, flohen größtenteils in die USA, wo der messianische Glaube in den 1960er Jahren eine Erweckung erlebte und sich zu einer weltweiten Bewegung entwickelte.

Viele gute Bibellehrer kamen dort hervor. Doch es dauert, bis sie hier den nötigen Bekanntheitsgrad erlangen. Übersetzung wird benötigt. Überdies werden messianische Gemeinden aufgrund der ersatztheologischen Prägung der hiesigen, übermächtigen Landes- und Amtskirchen kaum anerkannt. So zum Beispiel wurden sie bislang nicht auf dem evangelischen Kirchentag zugelassen, da Spannungen im "christlich-jüdischen Dialog" befürchtet werden. Doch diese Art des Dialogs kreist nur an der Oberfläche und wird kaum zur *wahren* Einheit führen, wie es Er kenntnis und Beachtung der Glaubenswurzeln tut.

Auch ist unsere Vergangenheit bei vielen immer noch nicht tiefgreifend genug aufgearbeitet. Schmerz, Scham, Angst und leider oft immer noch Stolz sind Gründe dafür. Sie lassen den inneren, gedanklichen Antisemitismus nicht überwinden, der weltweit leider immer noch in den Köpfen vieler Menschen steckt.

Oft wird immer noch geschwiegen, was diese katastrophale Vergangenheit anbelangt. *Wahrhaftige* Vergebung hat oft noch gar nicht richtig stattgefunden. Das kann sie jedoch nur, wenn man bereit ist, in aller Demut *alle* Aspekte zu betrachten, die die NS-Zeit, den Holocaust und das eigene Mitwirken, selbst wenn es *nur* gedanklich geschah, angehen. Schweigen hat enorme Konsequenzen, sogar im Leben der Nachfahren.

Die Vorhersage Gottes, dass die Sünde der Vorfahren bis in die dritte, vierte Generation reicht (2. Mose 20,5), wird somit immer verständlicher. Bisher hatte ich das als 'Strafe Gottes' interpretiert. Doch es ist als *Konsequenz* gemeint, denn auch Kinder und Enkel haben Lebensprobleme, wenn sie in diesem Schweigen groß werden: sie lernen, alles unter den Teppich zu kehren, was natürlich wieder andere Probleme nach sich zieht. Das gilt bei Schuld ebenso wie bei Traumata. Depressionen sind oft die Folge, Ängste, mangelndes Selbstvertrauen, Härte, man belügt sich selbst und andere. Kinder lernen so kaum, ein verantwortungsbewusstes Eigenleben zu führen und geben nun ihrerseits Defizite an *ihre* Nachkommen weiter. Das Glaubensleben gestaltet sich auf diese Weise auch nicht einfach. So wird Schuld in vielfältiger Form an die nächsten Generationen weitergereicht.

Es gibt ein exzellentes Buch, das diese Zusammenhänge tiefgründig-offen, verständlich und einfühlsam erklärt: "Die Decke des Schweigens", von Jobst Bittner (siehe Literaturhinweis am Ende dieses Buches). Es wurde bereits in mehrere Sprachen übersetzt.

Angekommen

Ich bin der Überzeugung, dass die in der Bibel angekündigte letzte große Erweckung bereits im Gange ist und mit der Erkenntnis der Glaubenswurzeln zu tun hat. Zunächst für das Volk Gottes: "'In den letzten Tagen (also heute, den letzten Tagen der Endzeit; dem Zeitalter, so wie wir es kennen)', spricht Gott, 'werde ich meinen Geist über alle Menschen ausgießen. Eure Söhne und Töchter werden weissagen, eure alten Männer werden prophetische Träume und eure jungen Männer Visionen haben'" (Joel 3,1; NL, Apostelgeschichte 2,17). Gott spricht hier *Sein Volk* an: so ist mit *alle Menschen* ganz Israel gemeint (plus Eingepfropfte), und nicht die ganze Welt, egal ob gläubig oder nicht. Und heute erkennen tatsächlich immer mehr Juden in Jeschua ihren persönlichen Messias!

Und dann lesen wir in Sacharja 8,23: "So spricht der Herr, der Allmächtige: 'In jenen Tagen (den letzten Tagen) werden zehn Männer aus Völkern mit lauter verschiedenen Sprachen (also Fremde) einen Mann aus Juda am Rockzipfel festhalten und bitten: Wir wollen mit euch gehen, denn wir haben gehört, dass Gott bei euch ist'" (NL). Und auch hier ist die Erkenntnis zum Teil bereits da: immer mehr Gläubige aus den Nationen, Christen, erkennen ihre hebräisch-jüdischen Glaubenswurzeln und halten sich an messianische *Juden!*

Diese Erweckung ist nicht spektakulär – *noch* nicht. Noch geschieht sie vorwiegend im Kleinen und die Erkenntnisse müssen erst noch verarbeitet und umgesetzt werden. Doch kommen heute bereits immer mehr Menschen hinzu! Schon bald wird es nicht mehr zu übersehen sein, denn es hat bereits begonnen!

Ein paar Mal predigte einer der Leiter der messianisch-jüdischen Bewegung im deutschsprachigen Raum als Gastsprecher in der eben erwähnten Gemeinde. Irgendwann begann auch seine Gemeinde mit Gottesdienst-Übertragungen im Internet, die ich mir seitdem ebenfalls ansehe.

Dort lernte ich etwas kennen und lieben, was ich bis dahin für meine Person nie für möglich gehalten hätte: im ersten Teil des Gottesdienstes wird auf Hebräisch die *Amida* ("stehendes Gebet") gesungen. Das ist ein auf Bibelversen beruhendes, liturgisches Gebet, das am Schabbat weltweit von traditionellen wie auch von messianischen Juden auszugsweise gesungen wird. Nie hätte ich gedacht, dass ich liturgische Texte so lieb gewinnen würde; inzwischen kann ich vieles davon sogar mitsingen! Bis zu jenem Zeitpunkt hatte ich kein gutes 'Verhältnis' zur gottesdienstlichen Liturgie. Doch hier stand ich vom ersten Ton an mitten in der *spürbaren Heiligkeit Gottes* – etwas, das ich in der Form noch nie erlebt hatte, so etwas Wunderschönes! Die ersten Male hat es mich derart überwältigt, dass mir oft die Tränen kamen, so stark empfand ich Seine Gegenwart! Mir fehlen die Worte, diese Erfahrung nachvollziehbar zu beschreiben.

Die Erkenntnis, dass Jeschua den Schabbat auf ähnliche Weise feierte, und zelebrierte, was ich nun jeden Samstagmorgen auch erlebe, ist einfach umwerfend! Man möge mir meine vielleicht etwas überschwängliche Beschreibung der messianischen Erkenntnisse verzeihen; aber ich bin total begeistert von dem, was Gott tut! Wie ich Ende 1992 bei meiner Bekehrung *Jesus* ganz persönlich erlebt hatte, so erlebe ich nun den Vater auf eine nie dagewesene Weise! Ich verstehe Jeschua immer besser, weil ich immer mehr Zusammenhänge erkenne und begreife.

Während ich dies hier schreibe, ist es für mich bereits der achte Zyklus der Paraschot, also der Torah-Wochenlesungen. Manch einer könnte jetzt vielleicht sagen: "Oh, wie langweilig – jedes Jahr die Torah von Neuem lesen???" Doch ich versichere allen, dass es tatsächlich jedes Jahr spannender wird! Mit jedem Zyklus begreift man Dinge, die man zuvor weder gesehen noch verstanden hatte. Jemand sagte einmal, es ist, als käme man jedes Jahr auf ein höheres Level. Das Grundwissen nimmt von Jahr zu Jahr zu, und so gibt es jedes Jahr neue Aha-Effekte!

Ich erfahre Gottes Liebe immer tiefer! Es ist so genial, in immer mehr Berichten des ersten Bundes Hinweise auf Jeschua zu entdecken, die mir früher nie bewusst gewesen waren, denn ich hörte ja nur, dass das "alte Testament" uns nicht mehr gelten würde. So *konnte* ich diesen Schatz damals gar nicht entdecken.

Doch jetzt bin ich endlich bei meinen eigenen Glaubenswurzeln angelangt – wie bin ich dankbar dafür! Mein ganzes Inneres ist erfüllt von dem Empfinden: "Endlich!!"

Endlich ergibt alles einen Sinn! Natürlich gibt es noch Vieles zu lernen, und natürlich sind immer noch offene Fragen in mir, so wie sie sicherlich jeder andere auf seine Art auch hat: *Glaubensfragen*, die darauf basieren, dass ich als Mensch mit beschränktem Verstand ganz einfach nicht alles verstehen *kann!* Doch sind es nun keine Fragen mehr aufgrund der Widersprüche einer ersatztheologischen Lehre. Zwar gibt es immer noch Momente, wo es mich erschreckt, wie tief manches sitzt und immer noch an die Oberfläche kommt. Aber ich erlebe deswegen auch immer wieder Aha-Effekte. Denn nun wandle ich auf den Pfaden einer *vollständigen* Bibel, mit immer mehr Erkenntnissen und Einblicken in den hebräischen Hintergrund, was wiederum den geistlichen Blick schärft. Somit verstehe ich den *erneuerten* Bund immer besser, was mich wiederum neue Aspekte des Glaubens erleben lässt! Ich habe einen Hunger nach Gottes Wort, wie nie zuvor!

Es sind aber auch ernste Zeiten, denn wir befinden uns mitten in den sogenannten letzten Tagen der Endzeit, in denen sich die letzten biblischen Prophetien rasend schnell erfüllen. Man muss sich nur die täglichen Nachrichten aus der Welt im Licht der Bibel anschauen, ganz besonders in Bezug auf Israel. Es bleibt wirklich nicht mehr allzu viel Zeit, bis Jeschua wiederkehrt... Wir sollten sie weise nutzen. "Die Zeit auskaufen", nennt die Bibel es (Epheser 5,16). Das bedeutet, wir sollten uns wieder den wirklich wichtigen Dingen zuwenden und Gott und Seinem Wort Zeit, Aufmerksamkeit und ganz besonders Vertrauen schenken.

Ich hoffe, Neugier und Interesse am eigenen Erforschen unserer hebräischen Glaubenswurzeln geweckt zu haben! Auf der letzten Seite befindet sich eine Liste mit Links zu weiterführenden Artikeln und Videos mit tiefergehenden Inhalten.

בשם ישוע משיחינו – *b'Shem Jeschua Mescheinu*, im Namen unseres Messias Jeschua wünsche ich dir den reichen Segen unseres ewigen, allmächtigen, wunderbaren Gottes Abrahams, Isaaks und Jakobs!

ברוך הבה בשם יהוה

Baruch haba b'Shem Adonai!

Gelobt sei, der da kommt im Namen des Herrn!

(Jeschua in Matthäus 23,39 bezugnehmend auf Psalm 118,26)

Auswahl nützlicher Internetadressen

Lehre:

www.worldwidewings.de

www.segne-israel.de

www.trumpetofsalvation.org/de/ (Jakob Damkani; deutsch)

www.reviveisrael.org/de/ ("Israel wiederbeleben"; deutsch)

www.wildbranch.org ("Wilder Zweig", Brad Scott, englisch)

www.hebroots.org ("Hebrew Roots", Eddie Chumney, englisch)

www.lionandlambministries.org ("Löwe und Lamm", Monte Judah)

Online-Gottesdienste:

www.tos.info (TOS-Gemeinde Tübingen)

www.beitsarshalom.org (Berlin, Klick in "Gottesdienst")

www.baruchhashemsynagogue.org (Dallas, Texas, USA, englisch)

Online-Radio und TV:

www.messianicradio (Chava, Internet radio for Yeshua's disciples)

www.radioyeshua.com ("House of Redemption, Jerusalem)

www.agape.fm ("One for Israel", Jerusalem, engl., hebr.)

www.hebraicrootstelevision.com (Hebräische Wurzeln TV, engl.)

Israel:

www.icej.de (Internationale Christliche Botschaft Jerusalem)

www.israelaktuell.de (Christen an der Seite Israels)

Presse:

www.israelheute.com ("Bringt auch das, was andere weglassen")

www.israelnetz.com (Nachrichten aus Israel und dem Nahen Osten)

www.kolhesed.de (Stimme der Gnade, jüdisch-messianische Zeitung)

www.jpost.com, (Jerusalem Post, Tageszeitung, englisch)

Literatur, special Links:

• "Die Ersatztheologie", Derek C. White, ISBN: 978-3981131-13-0

• "Jüdische Wurzeln unseres Glaubens", Rainer Schmidt, Christliche Verlagsgesellschaft Dillenburg, ISBN: 978-3-89436-521-9

• "Die Decke des Schweigens", Jobst Bittner, TOS-Verlag Tübingen, ISBN: 978-3-9812441-0-6 – *absolut empfehlenswert!!!*

www.marschdeslebens.org ("Erinnern, Versöhnen, Zeichen setzen")